Le Voyage
du comte de Forbin
à Siam

Illustration de couverture :
Le roi de Siam
monté sur son éléphant

Carte : François Laurent

Le Voyage
du comte de Forbin
à Siam

1685-1688

ZULMA

AVANT-PROPOS

Le premier contact important et direct avec l'Orient, fut, en France, la réception de l'ambassade siamoise à la cour de Louis XIV, en septembre 1684.

Si les deux mandarins et leurs six compagnons escortés par le père Le Vacher, prêtre de la mission, excitèrent la curiosité et les rires des courtisans, La Bruyère n'en rapporte pas moins un grand étonnement face aux Siamois, êtres tout à fait sensés, au point de déclarer que « nous n'aimerions pas être traités ainsi de ceux que nous appelons barbares ».

Cette ambassade, la précédente ayant péri en mer à bord du Soleil d'Orient, était non seulement l'aboutissement des missions catholiques de Mgr Pallu, évêque d'Héliopolis, et de Mgr de La Motte-Lambert, évêque de Béryte, reçus dès 1662 à la cour de Phra-Naraï, roi de Siam, mais surtout l'œuvre de la politique de son premier ministre, le Grec Constantin Phaulcon, appelé plus communément M. Constance.

Ce tout-puissant favori, né vers 1648 à Custode, dans l'île de Céphalonie, était parvenu, aux termes d'aventures diverses, douteuses et sanglantes, à exercer une influence prépondérante sur le roi de Siam.

Bien qu'il soit difficile de déterminer avec exactitude les motivations qui le poussèrent à chercher *l'appui d'une nation étrangère, il demeure en tout cas le principal artisan de cette ambassade venue proposer à Louis XIV un traité d'alliance et promettre la conversion du souverain siamois.*

Pour satisfaire un prosélytisme de bon aloi plutôt que procurer des avantages matériels aux comptoirs de M. Colbert (la Compagnie des Indes Orientales possédait déjà tout le commerce d'exportation et d'importation du pays), Louis XIV, aussi mal renseigné que le père de La Chaise, son conseiller, décida d'envoyer en retour une ambassade au royaume de Siam. Ce fut celle dont le chevalier de Claude Forbin, alors âgé de vingt-neuf ans, fut nommé major.

L'ambassadeur en titre était M. de Chaumont, capitaine de vaisseau, et son coadjuteur, après force intrigues mues sûrement davantage par le soin de fuir des créanciers que le désir d'évangéliser les Siamois, l'abbé de Choisy, célèbre pour avoir longtemps vécu en costume de femme sous le nom de comtesse de Barres.

M. de Chaumont, le père Tachard, jésuite qui l'avait accompagné au même titre que dix autres missionnaires et une douzaine de gentilshommes, officiers de marine ou savants, l'abbé de Choisy, et bien sûr le chevalier de Forbin, devenu comte par la suite, publièrent chacun la relation de leur voyage.

Celle du comte de Forbin, extraite de ses Mémoires, rédigés de son vivant, sous son contrôle et d'après ses manuscrits par un certain Simon Reboulet, auteur d'une Histoire du règne de Louis XIV, est de loin la plus intéressante. Le caractère tout à fait exceptionnel de son aventure personnelle, mais aussi la lucidité, le courage et la fraîcheur d'un témoignage toujours soucieux d'être véridique rendent à merveille l'impression de ce que pouvait être la vie d'un officier de marine au XVIIIe siècle, et apportent plus particulièrement un regard historique de premier ordre sur l'Orient.

Ces Mémoires, présentés élogieusement par le Journal de Trévoux, connurent un réel retentissement pour justifier trois éditions au XVIIIe siècle ; en 1729, 1730 et 1748, chez François Girardi, imprimeur et libraire à Amsterdam. Ils n'ont jamais été réimprimés depuis dans leur intégralité.

L'édition de Jacques Boulenger (Librairie Plon, 1934) résumait entre crochets de très nombreux passages. Celle de 1853 (Librairie de L. Hachette et Cie), à laquelle sont ici empruntées les subdivisions en chapitres, était uniquement consacrée aux pages où Forbin raconte son voyage à Siam. Mais, outre qu'elle n'est plus disponible depuis longtemps, elle avait le défaut d'être partiellement amputée de quelques pages, qui prennent aujourd'hui un ton d'étrange modernité, sur les mœurs de certains missionnaires installés au Siam. Une réactualisation des notes, ainsi qu'un recours méticuleux à l'édition originale s'imposait donc pour restituer à ce texte toute la force de son authenticité.

Enfin il faut reconnaître que l'étonnante personnalité de ce Forbin n'est pas étrangère à l'attachante lecture de son récit. Il avait moins de douze ans quand il commença de servir en qualité de cadet de la marine. Après avoir également servi quelques mois dans les Mousquetaires, il se signale à l'âge de vingt et un ans par un duel dont il sort victorieux en tuant son adversaire et qui l'oblige à obtenir des lettres de grâce. *Suite à son expédition au Siam, il combat avec Jean Bart les Anglais en tant que lieutenant de vaisseau. Fait prisonnier, il s'évade et devient capitaine. Puis Claude continue à faire parler de lui, autant sur mer que sur terre. N'a-t-il pas été poursuivi en crime de rapt par une demoiselle de Castillon fort désireuse d'obtenir le mariage ? Ses exploits lors de sa campagne en Adriatique durant la guerre de la Succession d'Espagne, en mer du nord contre les Anglais et Hollandais – qui lui vaut d'être nommé chef d'escadre et marquis par Louis XIV –, avec Duguay-Trouin, et en 1708, alors chargé de mener Jacques Stuart en Écosse afin qu'il y recouvre ses royaumes, le mènent à cinquante-deux ans vers une paisible retraite. Le comte Claude de Forbin, chef d'escadre, chevalier de l'ordre militaire de Saint-Louis, né en 1656, à Gardanne, passe ses dernières années en Provence et meurt à Marseille le 4 mars 1733 âgé de près de soixante-dix-sept ans !*

I

Départ de l'ambassade. – Traversée.

N'ayant plus d'affaires en Provence, je repris la route de Paris. À mon arrivée, je trouvai à la cour deux mandarins siamois, accompagnés de M. Le Vacher, prêtre des missions établies à Siam. Ces mandarins avaient exposé en arrivant qu'ils étaient envoyés par les ministres de Sa Majesté Siamoise, pour apprendre des nouvelles d'une ambassade que le roi leur maître avait envoyée à la cour de France, et qu'ayant appris près de nos côtes, que le vaisseau qui portait l'ambassadeur et les présents du roi de Siam avait malheureusement fait naufrage, ils avaient poussé leur route jusqu'en France, selon les ordres qu'ils en avaient.

Dans les différentes conférences qu'ils eurent avec les ministres, ils firent entendre, conformément à leurs instructions, que le roi leur maître protégeait depuis longtemps les chrétiens ; qu'il entendait parler volontiers de leur religion ; qu'il n'était pas éloigné lui-même de l'embrasser ; qu'il avait donné ordre à ses ambassadeurs d'en parler à Sa Majesté ; et ils ajoutèrent enfin, que leur maître, dans les dispositions où il était, se ferait infailliblement chrétien, si le roi le lui proposait par une ambassade.

Sur ces raisons, qu'on exagéra bien au-delà de la

vérité, et qui furent appuyées par M. Le Vacher, Sa Majesté, touchée d'une part des avances du roi de Siam, et de son empressement à le rechercher, et de l'autre faisant attention qu'il n'était pas impossible que ce prince embrassât le christianisme, si on l'y invitait par une ambassade d'éclat ; comprenant d'ailleurs tout l'avantage que la religion retirerait d'une conversion qui pouvait être suivie de tant d'autres, consentit à ce qu'on lui demandait, et nomma, pour son ambassadeur à Siam, M. le chevalier de Chaumont, capitaine de ses vaisseaux. Il aurait été difficile de choisir un sujet plus digne d'une commission qui paraissait si importante ; car outre les avantages qu'il tirait de sa naissance, et de mille autres qualités personnelles qui le distinguaient très avantageusement, il était d'une piété si reconnue, qu'une ambassade, dont le but allait principalement à convertir un roi idolâtre, et peut-être tout son royaume, ne pouvait être confiée à un sujet qui par ses vertus pût donner une plus haute idée de la religion qu'il devait persuader.

Cependant, comme il pouvait arriver que l'ambassadeur mourût dans le cours d'un si pénible voyage, et qu'il y avait à craindre, en ce cas, que l'ambassade ne tombât sur quelqu'un qui fût incapable de la remplir, M. l'abbé de Choisy fut nommé en second, avec la qualité d'ambassadeur ordinaire, supposé qu'il fallût faire un long séjour à Siam, et que le roi souhaitât de se faire instruire.

Les choses étant ainsi réglées, M. de Chaumont, qui, pour relever la majesté de l'ambassade, songeait à se faire un cortège qui pût lui faire honneur, et qui avait jeté les yeux sur un certain nombre de jeunes gentilshommes qui devaient l'accompagner, me proposa ce voyage. Je ne rejetai pas les offres qu'il me faisait, mais je lui répondis que s'agissant d'aller presque au bout du monde, je ne pouvais m'engager à lui qu'après avoir consulté ma famille et ceux qui s'intéressaient pour moi ; que j'allais de ce pas en conférer avec mes amis, et que s'ils le trouvaient à propos, je me ferais un honneur et un plaisir de le suivre.

Dès le même jour je fis part à M. le cardinal de Janson[1], et à Bontemps[2], de la proposition qu'on m'avait faite ; ils furent d'avis l'un et l'autre que je devais l'accepter, que bien loin de nuire par là à ma fortune, je ne pouvais pas faire ma cour plus sûrement, le roi ayant cette ambassade fort à cœur ; que pour moi, je ne risquais rien à m'éloigner du royaume dans un temps de paix, l'inaction où je serais obligé d'y vivre ne me laissant que très peu d'espoir de m'avancer. Sur ce conseil, je fus trouver M. de Chaumont, et lui ayant témoigné la satisfaction que j'aurais à l'accompagner, je lui en donnai parole. Il fut charmé des engagements que je prenais avec lui, et sur ce que je lui fis connaître, que pour avoir occasion de contenter ma curiosité, je souhaitais d'être major de l'ambassade, et d'en faire toutes les fonctions, il y consentit très volontiers.

M. le comte du Luc, que j'avais aussi consulté, et qui avait approuvé mon voyage, en parla à Madame Rouillet : cette dame avait deux caisses de très beau

---

1. Le cardinal de Forbin-Janson, évêque de Beauvais, parent du chevalier de Forbin.
2. Bontemps, premier valet de chambre du roi.

corail qu'elle avait apporté de Provence, elle souhaitait de s'en défaire ; MM. de la compagnie des Indes, à qui elle avait voulu les vendre, avaient peine de s'en accommoder, et ne lui en avaient offert que cinq cents livres, ce qui était fort au-dessous de leur valeur ; elle pria le comte de faire en sorte que je voulusse m'en charger, me donnant pouvoir d'employer l'argent que j'en retirerais, en étoffes de damas, cabinets de la Chine, ouvrages du Japon, et autres raretés du pays. Je me chargeai volontiers de cette commission, après quoi ayant réglé le peu d'affaires que j'avais à Paris, je partis au commencement de l'année 1685 pour me rendre à Brest, où j'avais ordre de faire armer deux vaisseaux que le roi avait destinés pour l'ambassade.

Sur la fin du mois de février, tout étant prêt pour le départ, M. de Chaumont et M. l'abbé de Choisy se rendirent à Brest, ils s'embarquèrent sur le vaisseau nommé *l'Oiseau*, commandé par M. de Vaudricourt, et avec eux les ambassadeurs du roi de Siam, six pères jésuites, savoir, les pères de Fontenai, Tachard, Gerbillon, Le Comte, Bouvet et Visdelou, que le roi envoyait à la Chine, en qualité de mathématiciens ; quatre missionnaires, parmi lesquels étaient MM. Le Vacher et du Chailas, et une suite nombreuse de jeunes gentilshommes qui firent volontiers le voyage, ou par curiosité, ou comme nous avons dit, dans la vue de faire plaisir à M. l'ambassadeur.

Tout le reste de l'équipage qui ne pouvait pas avoir place sur *l'Oiseau*, fut reçu dans une frégate nommée *la Maligne* ; elle était de trente-trois pièces de canon, et commandée par M. Joyeux, lieutenant du

14

port de Brest, qui avait fait plusieurs voyages aux Indes. Tout étant embarqué, nous levâmes l'ancre pendant la nuit, et le lendemain matin, qui était un samedi, troisième de mars, après que les équipages des deux vaisseaux eurent crié à plusieurs reprises, *vive le roi !* nous mîmes à la voile, et nous fîmes route pour le cap de Bonne-Espérance.

La navigation fut fort heureuse, nous passâmes la ligne, sans être trop incommodés des chaleurs ; peu après nous commençâmes à apercevoir des étoiles que nous n'avions jamais vues. Celles qu'on appelle *la Croisade*, et qui sont au nombre de quatre, furent les premières que nous remarquâmes ; nous vîmes ensuite *le Nuage blanc*, qui est placé auprès du pôle antarctique. À l'aide des excellentes lunettes dont nos mathématiciens se servaient, nous découvrîmes que la blancheur de ce nuage n'est autre chose qu'une multitude de petites étoiles dont il est semé. Enfin après une navigation de trois mois, nous arrivâmes au cap de Bonne-Espérance, si juste par rapport à l'estime que nos pilotes en avaient fait, qu'il n'y eut que quinze lieues d'erreur, ce qui n'est de nulle conséquence dans un voyage d'un si long cours.

Le cap de Bonne-Espérance, qui n'est qu'une longue chaîne de montagnes, s'étend du septentrion au midi, et finit en pointe assez avant dans la mer. À côté de ces montagnes, s'ouvre une grande et vaste baie qui s'avance fort avant dans les terres, et dont la côte le long des montagnes est très saine, mais fort périlleuse partout ailleurs. Nous n'osâmes pas avancer pendant la nuit ; mais le lendemain, quoique le vent fût assez contraire, nous crûmes qu'il n'y avait pas de risque à entrer.

À peine fûmes-nous dans le milieu de la rade, que le vent cessa tout à coup. Tandis que nous étions emportés par les courants contre des rochers dont nous n'étions plus qu'à une portée de mousquet, le vent revint par bonheur et nous tira de ce danger. Nous n'avions point eu de journée si périlleuse ; enfin, après bien du travail, nous mouillâmes à cent cinquante pas du fort que les Hollandais y ont bâti, et où ils entretiennent une forte garnison. Deux chaloupes vinrent aussitôt nous reconnaître ; le lendemain je fus mis à terre pour aller complimenter le gouverneur et pour traiter avec lui du salut et des rafraîchissements dont l'équipage avait grand besoin. Je trouvai cet officier dans le fort dont j'ai parlé ; c'est un pentagone régulier et très bien fortifié ; je fus reçu avec beaucoup de civilité, on m'accorda tout ce que je demandais ; il fut convenu que le salut serait coup pour coup et qu'on nous fournirait, en payant, toute sorte de rafraîchissements.

Je vins rendre compte de ma négociation à M. l'ambassadeur qui, charmé des bonnes manières des Hollandais, fit mettre les chaloupes en mer, et chacun ne pensa plus qu'à aller à terre se délasser des fatigues d'une si longue navigation.

Les pères jésuites furent d'abord faire la révérence au gouverneur qui les combla d'honnêtetés. Ces pères lui témoignèrent qu'étant à terre, ils seraient bien aises d'employer leur temps à des observations qui pourraient être de quelque utilité au public, et auxquelles ils ne pourraient pas vaquer ailleurs si commodément. Il leur permit fort agréablement ce travail et pour le leur faciliter, il les logea dans un magnifique pavillon bâti dans le jardin de la

16

compagnie des Indes. Ils y firent en effet différentes observations fort utiles, et réglèrent la longitude du cap, qui n'avait été déterminée jusqu'alors que suivant l'estime des pilotes, manière de compter très douteuse et sujette à bien des erreurs.

Tandis que les mathématiciens faisaient leurs observations, je fus bien aise de faire aussi les miennes, et de m'informer exactement de l'état du pays. Voici tout ce que j'en pus découvrir pendant le peu de séjour que nous y fîmes.

Les Hollandais en sont les maîtres ; ils l'achetèrent des principaux chefs des peuples qui l'habitaient et qui, pour une assez médiocre quantité de tabac et d'eau-de-vie, consentirent de se retirer plus avant dans les terres. On y trouve une fort belle aiguade[1] : le pays est de lui-même sec et aride ; malgré cela les Hollandais y cultivent un jardin, qui est sans contredit l'un des plus grands et des plus beaux qu'il y ait au monde. Il est entouré de murailles ; outre une grande quantité d'herbes de toute espèce, on y trouve abondamment les plus beaux fruits de l'Europe et des Indes.

Comme ce cap est une espèce d'entrepôt où tous les vaisseaux qui font le commerce d'Europe aux Indes, et des Indes en Europe, viennent se radouber et prendre les rafraîchissements dont ils ont besoin, il est pourvu abondamment de tout ce qu'on peut souhaiter. Les Hollandais ont établi, à douze lieues du cap, une colonie de religionnaires français, à qui ils ont donné des terres à cultiver.

---

1. Source ou rivière où les équipages renouvellent leur provision d'eau.

Ceux-ci y ont planté des vignes, ils y sèment du blé, et y recueillent en abondance toutes les denrées nécessaires à la vie.

Le climat y est fort tempéré, sa latitude est au 35e degré : les naturels du pays sont Cafres, un peu moins noirs que ceux de Guinée, bien faits de corps, très dispos, mais d'ailleurs le peuple le plus grossier et le plus abruti qu'il y ait dans le monde. Ils parlent sans articuler, ce qui fait que personne n'a jamais pu apprendre leur langue. Ils ne seraient pourtant pas incapables d'éducation : les Hollandais en prennent plusieurs dans l'enfance, ils s'en servent d'abord pour interprètes, et en font ensuite des hommes raisonnables.

Ces peuples vivent sans religion ; ils se nourrissent indifféremment de toutes sortes d'insectes qu'ils trouvent dans les campagnes ; ils vont nus, hommes et femmes, à la réserve d'une peau de mouton qu'ils portent sur les épaules, et dans laquelle il s'engendre de la vermine qu'ils n'ont pas horreur de manger.

Les femmes portent, pour tout ornement, des boyaux de moutons fraîchement tués, dont elles entourent leurs bras et leurs jambes. Ils sont très légers à la course, ils se frottent le corps avec de la graisse, ce qui les rend dégoûtants, mais très souples et propres à toutes sortes de sauts ; enfin ils couchent tous ensemble pêle-mêle, sans distinction de sexe, dans de misérables cabanes, et s'accouplent indifféremment comme les bêtes, sans aucun égard à la parenté.

Huit jours après notre arrivée au cap de Bonne-Espérance, étant suffisamment refaits, nous fîmes route pour le détroit de la Sonde, formé par les îles de Java et de Sumatra. Les vents contraires nous firent courre du côté du sud, et nous séparèrent de la frégate que nous perdîmes de vue : nous reconnûmes les terres australes, côtes inconnues à nos pilotes. Cette terre nous parut rougeâtre ; nous ne voulûmes pas en approcher, et le vent étant devenu plus favorable, nous changeâmes de route, et nous reconnûmes l'île de Java.

Nous manquions de pilotes à qui le détroit de la Sonde fût suffisamment connu : pour suppléer à ce défaut, nous prîmes le parti de naviguer sur de bonnes cartes dont M. de Louvois nous avait pourvus, et ayant suivi quelque temps l'île de Java, sous petites voiles, nous découvrîmes le détroit, où nous entrâmes assez heureusement.

Pendant ce trajet, tout l'équipage, qui était sur le pont, fut témoin d'un phénomène que nous n'avions jamais vu, et qui fournit matière, pendant quelques heures, aux raisonnements de nos physiciens. Le ciel étant fort serein, nous entendîmes un grand coup de tonnerre, semblable au bruit d'un canon tiré à boulet : la foudre, qui sifflait horriblement, tomba dans la mer à deux cents pas du navire, et continua à siffler dans l'eau, qu'elle fit bouillonner pendant un fort long espace de temps.

Après une navigation d'environ deux mois, nous arrivâmes, le quinzième d'août, à la vue de Bantan[1], où, quelque envie que nous eussions de passer outre, nos malades, l'épuisement de tout le reste de l'équipage, et, plus que tout cela, le défaut de pilote qui

---

1. Bantan ou Bantam, ancienne ville de l'île de Java.

connût la route de Siam, nous obligèrent de relâcher. Nous passâmes la nuit à l'ancre. Le lendemain, j'eus ordre d'aller à terre pour complimenter le roi de la part de M. l'ambassadeur, et pour le prier de nous permettre de faire les rafraîchissements dont nous manquions.

Le lieutenant du fort, chez qui je fus introduit, me refusa tout ce que je lui demandais. Quelque instance que je pus faire, il n'y eut jamais moyen d'avoir audience du roi : je représentai que j'avais à parler au gouverneur hollandais ; on me répondit qu'il était malade, et qu'il ne voyait personne depuis longtemps : enfin après avoir éludé par de mauvaises défaites toutes mes demandes, on me dit clairement, et sans détour, que je ne devais pas m'attendre à faire aucune sorte de rafraîchissements, le roi ne voulant pas absolument que les étrangers missent le pied dans son pays.

Comme j'insistais sur la dureté de ce refus, et que j'en chargeais ouvertement les Hollandais, l'officier me fit entendre que la situation de l'État ne permettait nullement au roi d'y laisser entrer des étrangers ; que ses peuples, à demi révoltés, n'attendaient pour se déclarer ouvertement que le secours qu'on leur faisait espérer de la France et de l'Angleterre, et que malgré tout ce que je pourrais dire de l'ambassade de Siam, j'aurais peine à persuader que notre vaisseau, qui avait mouillé si près de Bantan, ne fût pas venu dans le dessein de rassurer les Javans et de leur faire comprendre que le reste de l'escadre ne tarderait pas longtemps d'arriver. Que pour ce qui regardait les Hollandais, j'avais tort de leur imputer le refus qu'on nous faisait, que ne servant le roi qu'en qualité de troupes auxiliaires, ils ne pouvaient faire moins que de lui obéir ; que du reste si nous allions à Siam, comme je l'en assurais, nous n'avions qu'à continuer notre route jusqu'à Batavie[1], éloignée seulement de douze lieues, et que les honnêtetés que nous y recevions de la part du général de la compagnie des Indes, nous donneraient lieu de connaître que ce n'était que par nécessité qu'on usait de tant de rigueur à notre égard.

Tout ce qu'il disait du mécontentement de ces peuples, et de la nécessité de fermer leur port aux étrangers, était vrai ; mais il n'ajoutait pas que ce mécontentement venait de la tyrannie des Hollandais, aussi bien que la dureté dont je me plaignais. Voici en peu de mots ce qui avait donné lieu à l'un et à l'autre.

Il y avait déjà cinq ou six ans que Sultan Agun, lassé des embarras de la royauté, s'était démis de la couronne en faveur de Sultan Agui, son fils.

Quelques années après, soit qu'il eût regret à sa première démarche, soit que son fils abusât en effet de l'autorité souveraine, il songea aux moyens de remonter sur le trône. Il en conféra secrètement avec les pangrans, qui sont les grands seigneurs du royaume, et après avoir bien pris avec eux toutes ses mesures, tout paraissant favorable à son dessein, il se déclara ouvertement et reprit les ornements de la royauté.

Ses peuples, qui avaient été heureux sous sa domination, retournèrent à lui avec joie. Il se vit

---

1. Batavia, nom de la capitale de l'île de Java jusqu'en 1949. Aujourd'hui, Djakarta.

bientôt à la tête d'une armée de trente mille hommes, et alors se trouvant assez fort pour achever ce qu'il avait commencé, il vint assiéger son fils dans la forteresse de Bantan. Le jeune roi, abandonné de tout le monde, eut recours aux Hollandais : ils furent quelque temps à hésiter s'ils prendraient parti dans cette affaire : mais enfin, persuadés qu'ils ne pourraient qu'y gagner, ils embrassèrent la défense de ce prince et entrèrent dans le pays. Les Javans, aidés de quelques Macassars[1], voulurent empêcher la descente ; l'action fut vigoureuse de part et d'autre ; mais les Javans furent défaits, et les Hollandais demeurèrent victorieux.

Se voyant les maîtres, ils s'emparèrent de la citadelle et s'assurèrent du jeune roi ; peu de temps après, ils attaquèrent le père, le surprirent dans une embuscade, et le firent prisonnier. Comme ce prince était fort aimé de ses sujets, les Hollandais le renfermèrent très étroitement : le fils, moins aimé, et par conséquent moins dangereux, fut un peu moins resserré ; ils lui laissèrent les dehors de la royauté, tandis qu'ils faisaient sous son nom gémir les peuples qu'ils opprimaient.

Leur domination était trop odieuse pour n'être pas détestée. Ainsi, craignant toujours quelque révolte, ils éloignaient avec grand soin de leur port, en prétextant toujours les ordres du roi, tous les étrangers dont l'abord aurait pu favoriser les remuements. Ce fut en conséquence de cette politique qu'ils nous refusèrent, comme ils avaient refusé à tant d'autres,

---

1. Les Macassars, habitants de Macassar, ou Makasar, île des Célèbes.

les rafraîchissements que nous demandions. Je n'eus donc d'autre parti à prendre que d'entrer dans ma chaloupe, pour revenir à bord rendre compte du peu de succès de ma négociation.

À peine étais-je en mer, que j'aperçus un bâtiment qui de loin me parut assez peu considérable : je voulus le reconnaître, et je trouvai que c'était notre frégate, qui, ayant eu dans sa route des vents plus favorables que nous, était à l'ancre depuis quatre jours, à côté d'une petite île derrière laquelle nous avions d'abord mouillé. Après nous être témoigné la joie qu'il y a à se retrouver, j'appris de M. Joyeux, et de tout le reste de l'équipage, que les Hollandais en avaient usé à leur égard à peu près comme avec nous : que, sur le refus qu'ils leur avaient fait, ils auraient fait voile pour Batavie depuis trois jours, mais qu'ils avaient voulu attendre, dans la pensée qu'ils pourraient avoir de nos nouvelles.

Nous regagnâmes ensemble le vaisseau où nous nous consolâmes de la dureté des Hollandais, par le plaisir de nous revoir. Le lendemain, le vent nous ayant paru favorable, et toutes les voies nous étant interdites du côté de Bantan, nous levâmes l'ancre, et nous fîmes route pour Batavie. Quoique cette ville ne soit éloignée de Bantan que de douze lieues, ainsi que j'ai déjà dit, faute de pilote entendu, nous n'allions qu'en tâtonnant, et nous fûmes deux jours et demi à faire ce trajet. Nous entrâmes enfin dans la rade, où, à cause des bancs de sable et des rochers, dont toute la côte est croisée en mille endroits, nous risquâmes cent fois de nous perdre.

Batavie est la capitale des Hollandais dans les Indes ; leur puissance y est formidable ; ils y entretiennent ordinairement cinq ou six mille hommes de troupes réglées, composées de différentes nations. La citadelle qui est placée vers le milieu de la rade, est bâtie sur des pilotis : elle est de quatre bastions entourés d'un fossé plein d'eau vive ; la ville est bien bâtie, toutes les maisons en sont blanches, à la manière des Hollandais ; elle est remplie d'un peuple infini, parmi lequel on voit un très grand nombre de Français religionnaires et catholiques que le commerce y a attirés.

Le général de la compagnie des Indes y fait sa résidence, il commande dans toutes les Indes hollandaises, et sa cour n'est ni moins nombreuse, ni moins brillante que celle des rois. Il règle avec un conseil toutes les affaires de la nation : il n'est pourtant pas obligé de déférer aux délibérations du conseil, et il peut agir par lui-même au préjudice de ce qui aurait été arrêté : mais en cas il demeure chargé de l'événement, et il en répond. C'est à lui que s'adressent les ambassades de tous les princes des Indes, auxquels il envoie lui-même des ambassadeurs au nom de la nation : il fait la paix et la guerre, comme il lui plaît, sans qu'aucune puissance ait droit de s'y opposer. Son généralat n'est que pour trois ans : mais il est ordinairement continué pour toute la vie, de sorte qu'il est très rare, pour ne pas dire sans exemple, qu'un général de la compagnie des Indes ait été destitué.

Dès que nous eûmes mouillé, je fus mis à terre pour lui aller faire compliment : en débarquant, je fus reçu par un officier du port qui me conduisit au palais. À mon arrivée, la garde ordinaire, qui est très nombreuse, se mit sous les armes, et se rangea sur deux files, à travers lesquelles je fus introduit dans une galerie ornée des plus belles porcelaines du Japon.

J'y trouvai Son Excellence (c'est le titre qu'on donne au général de la compagnie des Indes) ; il m'écouta pendant tout le temps debout, et chapeau bas ; l'accueil qu'il me fit répara amplement tout ce que j'avais eu à essuyer à Bantan. Il me parla toujours français : nous ne pûmes pas convenir du salut coup pour coup, comme je le voulais. Je ne sais où le père Tachard a pris tout ce qu'il dit dans sa relation sur cet article ; il va jusqu'à compter les coups de canon qui furent tirés ; ce qu'il y a de bien certain, c'est qu'il fut arrêté qu'on ne saluerait de part ni d'autre. Pour tout le reste, je n'eus qu'à demander, le général m'ayant assuré d'abord en termes exprès, qu'il n'y avait rien qu'il ne fût en état de faire, pour témoigner à M. l'ambassadeur la considération qu'il avait pour son caractère, et le cas particulier qu'il faisait de sa personne.

Je revins aussitôt à bord, comblé de joie, et j'y rendis compte de tout ce qui venait de se passer. Peu après mon retour, le général envoya visiter M. de Chaumont, à qui on offrit de sa part douze mannequins pleins d'herbes et de toutes sortes de fruits ; un moment après, de nouveaux envoyés lui présentèrent deux bœufs et plusieurs moutons ; ce général continua ainsi de le faire saluer de temps en temps, par les principaux de la ville, et de lui envoyer tous les jours toutes sortes de rafraîchissements pour sa table et pour l'équipage des deux vaisseaux.

Nous passâmes huit jours entiers à Batavie, où nous reçûmes toutes les civilités imaginables de la part des officiers. Ce fut pendant ce séjour que je vendis les deux caisses de corail dont j'avais été chargé à Paris. Un marchand chinois s'en accommoda, en me prenant mon corail au poids, et me rendant en argent huit fois autant pesant, ce qui revint à la somme de six mille livres qui me fut comptée en coupons d'or ; c'est une monnaie du Japon. Si je ne m'étais pas tant pressé, j'en aurais tiré un meilleur parti, car il valait plus que cela ; mais je crus avoir fait un grand coup de retirer six mille livres d'une marchandise dont on ne pouvait avoir en France que cinq cents francs.

Tous nos rafraîchissements étant faits, et nous étant munis d'un bon pilote, nous fîmes route pour Siam. Comme le vent était favorable, nous mîmes à la voile dès le grand matin. Sur les onze heures du soir, la nuit étant assez obscure, nous aperçûmes près de nous un gros navire qui venait à toutes voiles. À sa manœuvre, nous ne doutâmes pas qu'il ne voulût aborder. Tout le monde prit les armes : nous tirâmes sur lui un coup de canon ; cela ne le fit pas changer de route : pour éviter l'abordage nous fîmes vent arrière ; mais malgré tous nos efforts le vaisseau aborda par la poupe, et brisa une partie de notre couronnement ; j'étais posté sur la dunette, d'où je fis tirer quelques coups de fusil ; personne ne parut : alors ayant poussé à force, je fis déborder. Plusieurs étaient d'avis de poursuivre ce bâtiment ; mais M. l'ambassadeur ne voulant pas le permettre nous continuâmes notre route, et dans l'obscurité de la nuit, nous le perdîmes bientôt de vue.

L'équipage fit bien des raisonnements sur cette aventure : les uns voulaient que ce fût un brûlot que les Hollandais avaient posté derrière quelque île pour faire périr les vaisseaux du roi, et empêcher l'ambassade de Siam, qui ne leur faisait pas plaisir : d'autres imaginaient quelque autre chose ; pour moi je crus (et la vérification que nous en fîmes à Siam, justifia ma pensée), je crus, dis-je, que c'était un navire dont tout l'équipage s'était enivré, et dont le reste, effrayé du coup de canon que nous avions tiré, s'était sauvé sous le pont, personne n'ayant osé donner signe de vie.

À cette aventure près, dont nous n'eûmes que l'alarme, nous continuâmes fort paisiblement notre route, jusqu'à la Barre de Siam, où nous mouillâmes le vingt-troisième septembre, environ six mois après être partis du port de Brest.

II

La Barre de Siam n'est autre chose qu'un grand banc de vase, formé par le dégorgement de la rivière, à deux lieues de son embouchure. Les eaux sont si basses en cet endroit, que dans les plus hautes marées, elles ne s'élèvent jamais au-delà de douze à treize pieds, ce qui est cause que les gros vaisseaux ne sauraient aller plus avant.

Dès que nous eûmes mouillé, je partis avec M. Le Vacher pour aller annoncer l'arrivée de M. l'ambassadeur dans les États du roi de Siam. La nuit nous prit à l'entrée de la rivière ; ce fleuve est un des plus considérables des Indes, il s'appelle *Menan*[1], c'est-à-dire mère des eaux. La marée, qui est fort haute dans ce pays, devenant contraire, nous fûmes obligés de relâcher. Nous vîmes en abordant trois ou quatre petites maisons de cannes, couvertes de feuilles de palmier. M. Le Vacher me dit que c'était là où demeurait le gouverneur de la Barre : nous descendîmes de notre canot, et nous trouvâmes dans l'une de ces maisons trois ou quatre hommes assis à terre sur leur cul, ruminant comme des bœufs, sans souliers,

---

1. Aujourd'hui, Menam ou Chao Phraya.

sans bas, sans chapeau, et n'ayant sur tout le corps qu'une simple toile dont ils couvraient leur nudité. Le reste de la maison était aussi pauvre qu'eux. Je n'y vis ni chaises, ni aucun meuble : je demandai en entrant où était le gouveneur ; un de la troupe répondit : « C'est moi. »

Cette première vue rabattit beaucoup des idées que je m'étais formées de Siam ; cependant j'avais grand appétit, je demandai à manger : ce bon gouverneur me présenta du riz, je lui demandai s'il n'avait pas autre chose à me donner, il me répondit *amay*, qui veut dire *non*.

C'est ainsi que nous fûmes régalés en abordant. Sur quoi je dirai franchement que j'ai été surpris plus d'une fois, que l'abbé de Choisy et le père Tachard qui ont fait le même voyage, et qui ont vu les mêmes choses que moi, semblent s'être accordés pour donner au public, sur le royaume de Siam, des idées si brillantes et si peu conformes à la vérité. Il est vrai que n'y ayant demeuré que peu de mois, et M. Constance, premier ministre, ayant intérêt de les éblouir par les raisons que je dirai en son lieu, ils ne virent dans ce royaume que ce qu'il y avait de plus propre à imposer : mais au bout du compte, il faut qu'ils aient été étrangement prévenus, pour n'y avoir pas aperçu la misère qui se manifeste partout, à tel point qu'elle saute aux yeux, et qu'il est impossible de ne la voir pas. Cela soit dit en passant, revenons à notre voyage.

La marée étant devenue favorable, nous nous rembarquâmes, et nous poursuivîmes notre route en remontant la rivière ; nous fîmes, pour le moins, douze lieues sans voir ni château ni village, à la réserve de quelques malheureuses cabanes, comme celles de la

Barre. Pour nous achever, la pluie survint. Nous allâmes pourtant toujours, et nous arrivâmes à Bancok[1] sur les dix heures du soir.

Le gouverneur de cette place, turc de nation, et un peu mieux accommodé que celui de la Barre, nous donna un assez mauvais souper à la turque ; on nous servit du *sorbec* pour toute boisson ; je m'accommodai assez mal de la nourriture et du breuvage, mais il fallut prendre patience. Le lendemain matin, M. Le Vacher prit un *balon* : ce sont les bateaux du pays, et s'en alla à Siam, annoncer l'arrivée de l'ambassadeur de France à la Barre, et moi je rentrai dans le canot pour regagner notre vaisseau.

Avant de partir, je demandai au gouverneur, si, pour de l'argent, on ne pourrait point avoir des herbes, du fruit, et quelques autres rafraîchissements pour porter à bord : il me répondit *amay*. Comme nos gens attendaient de mes nouvelles avec impatience, du plus loin qu'on me vit venir, on me demanda en criant si j'apportais avec moi de quoi rafraîchir l'équipage ; je répondis *amay* ; « je ne rapporte, ajoutai-je, que des morsures de cousins, qui nous ont persécutés pendant toute notre course ».

Nous fûmes cinq à six jours à l'ancre sans que personne parût : au bout de ce temps nous vîmes arriver à bord deux envoyés du roi de Siam, avec M. de Lano, vicaire apostolique et évêque de Métellopolis, et M. l'abbé de Lionne. Les envoyés firent compliment à M. l'ambassadeur de la part du roi, et

---

1. Bancok, ancienne capitale du royaume de Siam, devenue Bangkok, capitale de la Thaïlande. À l'époque du voyage du chevalier de Forbin, la capitale était Joudia, (Ayuthyâ), improprement appelée Siam dans quelques relations.

de la part de M. Constance. Peu après les rafraîchissements commencèrent à venir d'abord en petite quantité, mais ensuite fort abondamment, en sorte que les équipages ne manquèrent plus de poules, de canards, de vedels, et de toutes sortes de fruits des Indes ; mais nous ne reçûmes que très peu d'herbes.

La cour fut quinze jours pour préparer l'entrée de M. l'ambassadeur ; elle fut ordonnée de la manière suivante. On fit bâtir sur le bord de la rivière, de distance en distance, quelques maisons de cannes, doublées de grosses toiles peintes. Comme les vaisseaux du roi ne pouvaient remonter la rivière, la Barre ne donnant pas assez d'eau pour passer, on prépara des bâtiments propres au transport.

La première entrée dans la rivière fut sans cérémonie, à la réserve de quelques mandarins qui étaient venus recevoir Son Excellence, et qui avaient ordre de l'accompagner. Nous fûmes bien quinze jours pour arriver de la Barre à la ville de Joudia ou Odia, capitale du royaume.

Je ne saurais m'empêcher de relever encore ici une bévue de nos faiseurs de relations. Ils parlent à tout bout de champ d'une prétendue ville de Siam, qu'ils appellent la capitale du royaume, qu'ils ne disent guère moins grande que Paris, et qu'ils embellissent comme il leur plaît. Ce qu'il y a de bien certain, c'est que cette ville n'y subsista jamais que dans leur imagination, que le royaume de Siam n'a d'autre capitale que Odia ou Joudia, et que celle-ci est à peine comparable pour la grandeur à ce que nous avons en France de villes du quatrième et du cinquième ordre.

Les maisons de cannes qu'on avait bâties sur la route étaient mouvantes ; dès que l'ambassadeur et sa suite en étaient sortis, on les démontait : celles de la dînée servaient pour la dînée du lendemain, et celles de la couchée pour la couchée du jour d'après. Dans ce mouvement continuel, nous arrivâmes près de la capitale, où nous trouvâmes une grande maison de cannes, qui ne fut plus mouvante, et où M. l'ambassadeur fut logé jusqu'au jour de l'audience ; en attendant il fut visité de tous les grands mandarins du royaume. M. Constance y vint, mais incognito, par rapport à sa dignité et au rang qu'il tenait dans le royaume ; car il en était le maître absolu.

On traita d'abord du cérémonial, et il y eut de grandes contestations sur la manière dont on remettrait la lettre du roi au roi de Siam. M. l'ambassadeur voulait la donner de la main à la main : cette prétention choquait ouvertement les usages des rois de Siam, car comme ils font consister leur principale grandeur, et la marque de leur souveraine puissance, à être toujours montés bien au-dessus de ceux qui paraissent devant eux, et que c'est pour cette raison qu'ils ne donnent jamais audience aux ambassadeurs que par une fenêtre fort élevée qui donne dans la salle où ils les reçoivent ; il aurait fallu pour parvenir à la main du roi, élever une estrade à plusieurs marches, ce qu'on ne voulut jamais accorder ; cette difficulté nous arrêta plusieurs jours. Enfin, après bien des allées et des venues où je fus souvent employé en qualité de major, il fut conclu que le jour de l'audience, la lettre du roi serait mise dans une coupe d'or, qui serait portée par un manche de même métal d'environ trois pieds et demi, posé par-dessous, et à l'aide duquel l'ambassadeur pourrait l'élever jusqu'à la fenêtre du roi.

33

Le jour de l'audience, tous les grands mandarins dans leur balons, précédés par ceux du roi et de l'État, se rendirent à la maison de M. l'ambassadeur. Les balons, ainsi que j'ai déjà dit, sont de petits bâtiments dont on se sert communément dans le royaume. Il y en a une quantité prodigieuse, sans quoi l'on ne saurait aller, tout le pays étant inondé six mois de l'année, tant à cause de la situation des terres qui sont extrêmement basses, qu'à cause des pluies presque continuelles dans certaine saison.

Ces balons sont formés d'un seul tronc d'arbre creusé ; il y en a de si petits, qu'à peine celui qui les conduit peut y entrer. Les plus grands n'ont pas plus de quatre ou cinq pieds dans leur plus grande largeur ; mais ils sont fort longs, en sorte qu'il n'est pas extraordinaire d'en trouver qui ont au-delà de quatre-vingts rameurs, il y en a même qui en ont jusqu'à cent vingt. Les rames dont on se sert sont comme une espèce de pelle, de la largeur de six pouces par le bas, qui va en s'arrondissant, et longues d'un peu plus de trois pieds. Les rameurs sont dressés à suivre la voix d'un guide qui les conduit, et à qui ils obéissent avec une adresse merveilleuse. Parmi ces balons, on en voit de superbes ; ils représentent, pour la plupart, des figures de dragons ou de quelque monstre marin, et ceux du roi sont entièrement dorés.

Dans la multitude de ceux qui s'étaient rendus près du logis de M. l'ambassadeur, il y en avait peu qui ne fussent magnifiques. Les mandarins ayant mis pied à terre, et ayant salué Son Excellence, nous nous embarquâmes dans l'ordre suivant. La lettre du roi fut posée dans un balon, sur un trône fort élevé ;

M. l'ambassadeur, M. l'abbé de Choisy et leur suite se placèrent, ou dans les balons du roi, ou dans les balons de l'État, les mandarins rentrèrent dans les leurs, et, en cet ordre, nous partîmes au bruit des trompettes et des tambours ; les deux côtés de la rivière jusqu'au lieu où nous devions débarquer étant bordés d'un peuple infini, que la nouveauté du spectacle avait attiré, et qui se prosternait à terre à mesure qu'il voyait paraître le balon qui portait la lettre du roi.

Cette marche fut continuée jusqu'à une certaine distance du palais où, étant descendu, M. l'ambassadeur trouva une manière d'estrade portative, parée d'un velours cramoisi, sur laquelle s'élevait un fauteuil doré ; il y avait encore deux autres estrades moins ornées, une pour M. l'abbé de Choisy, et la dernière pour le vicaire apostolique. Ils furent tous trois portés dans cet état jusqu'au palais, où tout le cortège à cheval les accompagnait.

Nous entrâmes d'abord dans une cour fort spacieuse, dans laquelle était un grand nombre d'éléphants rangés sur deux lignes que nous traversâmes. On y voyait l'éléphant blanc si respecté chez les Siamois, séparé des autres par distinction. De cette cour nous entrâmes dans une seconde, où étaient cinq à six cents hommes assis à terre, comme ceux que nous vîmes à la Barre, ayant les bras peints de bandes bleues : ce sont les bourreaux, et en même temps la garde des rois de Siam. Après avoir passé plusieurs autres cours, nous parvînmes jusqu'à la salle de l'audience : c'est un carré long, où l'on monte par sept à huit degrés.

M. l'ambassadeur fut placé sur un fauteuil,

tenant par la queue la coupe où était la lettre du roi ;
M. l'abbé de Choisy était à son côté droit, mais plus
bas sur un tabouret, et le vicaire apostolique de
l'autre côté à terre sur un tapis de pied, mis exprès, et
plus propre que le grand tapis dont tout le parquet
était couvert. Toute la suite de l'ambassadeur était de
même assise à terre, ayant les jambes croisées. On
nous avait recommandé, sur toute chose, de prendre
garde que nos pieds ne parussent, n'y ayant pas à
Siam un manque de respect plus considérable que de
les montrer. M. l'ambassadeur, l'abbé de Choisy, et
M. de Métellopolis faisaient face au trône, placés sur
une même ligne ; nous étions tous rangés derrière
eux sur la même file. Sur la gauche étaient les grands
mandarins, ayant à leur côté les plus qualifiés, et
ainsi successivement de dignités en dignités jusqu'à
la porte de la salle.

Lorsque tout fut prêt, un gros tambour battit un
coup : à ce signal les mandarins qui n'avaient pour
tout habillement qu'un linge qui les couvrait depuis
la ceinture jusqu'à demi-cuisse, une espèce de chemisette de mousseline, et un panier sur la tête d'un pied
de long, terminé en pyramide, et couvert d'une
mousseline, se couchèrent tous et demeurèrent à
terre appuyés sur les genoux et sur les coudes. La
posture de ces mandarins avec leurs paniers dans le
cul l'un de l'autre, fit rire tous les Français : le
tambour que nous avions ouï d'abord battit encore
plusieurs coups, en laissant un certain intervalle d'un
coup à l'autre, et au sixième coup, le roi ouvrit, et
parut à la fenêtre.

Il portait sur sa tête un chapeau pointu, tel
qu'on les portait autrefois en France, mais dont le

36

bord n'avait guère plus d'un pouce de large ; ce chapeau était attaché sous le menton avec un cordon de soie. Son habit était à la persienne d'une étoffe couleur de feu et or. Il était ceint d'une riche écharpe, dans laquelle était passé un poignard, et il avait un grand nombre de bagues de prix dans plusieurs de ses doigts. Ce prince était âgé d'environ cinquante ans, fort maigre, de petite taille, sans barbe, ayant sur le côté gauche du menton une grosse verrue, d'où sortaient deux longs poils qui ressemblaient à du crin. M. de Chaumont, après l'avoir salué par une profonde inclination, prononça sa harangue assis et la tête couverte. M. Constance servit d'interprète, après quoi M. l'ambassadeur s'étant approché de la fenêtre, présenta la lettre à ce bon roi, qui pour la prendre fut obligé de s'incliner beaucoup, et de sortir de sa fenêtre à demi-corps, soit que M. l'ambassadeur le fît exprès, soit que la queue de la soucoupe ne se fût pas trouvée assez longue.

Sa Majesté Siamoise fit quelques questions à M. l'ambassadeur ; il l'interrogea sur la santé du roi et de la famille royale, et s'enquit de quelques autres particularités touchant le royaume de France. Ensuite le gros tambour battit, le roi ferma sa fenêtre et les mandarins se redressèrent.

L'audience finie, on reprit la marche, et M. l'ambassadeur fut conduit dans la maison qui lui était préparée. Elle était de brique, assez petite, mal bâtie, la plus belle pourtant qu'il y eût dans la ville ; car on ne doit pas compter de trouver dans le royaume de Siam des palais qui répondent à la magnificence des nôtres. Celui du roi est fort vaste, mais mal bâti, sans proportion et sans goût ; tout le reste de la ville, qui est très malpropre, n'a que des maisons, ou de bois, ou de cannes, excepté une seule rue d'environ deux cents maisons, assez petites, bâties de briques, et à un seul étage. Ce sont les Maures et les Chinois qui les habitent. Pour les pagodes, ou temples des idoles, elles sont bâties de brique, et ressemblent assez à nos églises. Les maisons des talapoins, qui sont les moines du pays, ne sont que de bois, non plus que les autres.

Outre l'audience publique, M. l'ambassadeur eut encore plusieurs entretiens avec le roi. C'est une chose fatigante que le cérémonial de ce pays, jamais d'entrevue particulière avant laquelle il n'y eût mille choses à régler sur ce sujet. En qualité de major, j'étais chargé d'aller, de venir et de porter toutes les paroles. Dans tout ce manège que je fus obligé de faire, et dont le roi fut témoin plus d'une fois, j'eus, je ne sais si je dois dire, le bonheur ou le malheur de lui plaire : quoi qu'il en soit, ce prince souhaita de me retenir auprès de lui, il en parla à M. Constance.

Ce ministre qui avait ses vues, et qui par des raisons que je dirai en son lieu, ne désirait pas de me voir retourner en France, au moins sitôt, fut ravi des dispositions du roi, et profita de l'occasion qui s'offrait comme d'elle-même. Il fit entendre à Sa Majesté qu'outre les services que je pourrais lui rendre dans ses États, il était convenable que voulant envoyer des ambassadeurs en France (car ils étaient déjà nommés et tout était prêt pour le départ), quelqu'un de la suite de M. l'ambassadeur restât dans le royaume, comme en otage, pour lui répondre de la conduite que la cour de France tiendrait avec les ambassadeurs de Siam.

Sur ces raisons bonnes ou mauvaises, le roi se détermina à ne pas me laisser partir, et M. Constance eut ordre d'expliquer à M. de Chaumont les intentions de Sa Majesté. M. de Chaumont répondit au ministre qu'il n'était pas le maître de ma destination, et qu'il ne lui appartenait pas de disposer d'un officier du roi, surtout lorsqu'il était d'une naissance et d'un rang aussi distingué que l'était celui du chevalier de Forbin. Ces difficultés ne rebutèrent pas M. Constance, il revint à la charge, et après bien des raisons dites et rebattues de part et d'autre, il déclara à M. l'ambassadeur que le roi voulait absolument me retenir en otage auprès de lui.

Ce discours étonna M. de Chaumont, qui, ne voyant plus de jour à mon départ, concerta avec M. Constance et M. l'abbé de Choisy, qui entrait dans tous leurs entretiens particuliers, les moyens de me faire consentir aux intentions du roi. L'abbé de Choisy fut chargé de m'en faire la proposition ; je n'étais nullement disposé à la recevoir. Je lui répondis que mettant à part le désagrément que j'aurais de rester dans un pays si éloigné, et dont les manières étaient si opposées au génie de ma nation, il n'y avait pas d'apparence que je sacrifiasse les petits commencements de fortune que j'avais en France, et l'espérance de m'élever à quelque chose de plus pour rester à Siam, où les plus grands établissements ne valaient pas le peu que j'avais déjà.

L'abbé de Choisy n'eut pas grand-peine à entrer dans mes raisons, et reconnaissant l'injustice qu'il y aurait à me violenter sur ce point, il proposa mes difficultés à M. Constance, qui prenant la parole, lui dit : « Monsieur, que M. le chevalier de Forbin ne s'embarrasse pas de sa fortune, je m'en charge : il ne connaît pas encore ce pays et tout ce qu'il vaut ; on le fera grand amiral, général des armées du roi et gouverneur de Bancok, où l'on va incessamment faire bâtir une citadelle pour y recevoir les troupes que le roi de France doit envoyer. »

Toutes ces belles promesses, qui me furent rapportées par M. l'abbé de Choisy, ne me tentèrent pas : je connaissais toute la misère de ce royaume, et je persistai toujours à vouloir retourner en France. M. de Chaumont qui était pressé par le roi, et encore plus par son ministre, ne pouvant lui refuser ce qu'il lui demandait si instamment, vint me trouver lui-même : « Je ne puis refuser, me dit-il, à Sa Majesté Siamoise la demande qu'elle me fait de votre personne ; je vous conseille, comme à mon ami particulier, d'accepter les offres qu'on vous fait, puisque d'une manière ou d'autre, dès lors que le roi le veut absolument, vous serez obligé de rester. »

Piqué de me voir si vivement pressé, je lui répondis qu'il avait beau faire, que je ne voulais pas rester à Siam, et que je n'y consentirais jamais, à moins qu'il ne me l'ordonnât de la part du roi. « Eh bien, je vous l'ordonne », me dit-il. N'ayant pas d'autre parti à prendre, j'acquiesçai, mais j'eus la précaution de lui demander un ordre par écrit, ce qu'il m'accorda fort gracieusement. Quatre jours après, je fus installé amiral et général des armées du roi de Siam, et je reçus en présence de M. l'ambassadeur et de toute sa suite, qui m'en firent leur compliment, le sabre et la veste, marques de ma nouvelle dignité.

Tandis que M. Constance faisait jouer tous ces ressorts pour me retenir à Siam, comme il allait toujours à ses fins, il n'oubliait rien de tout ce qui pouvait donner aux Français une grande idée du royaume. C'était des fêtes continuelles, et toujours ordonnées avec tout l'appareil qui pouvait les relever. Il eut soin d'étaler à M. l'ambassadeur et à nos Français toutes les richesses du trésor royal, qui sont en effet dignes d'un grand roi et capables d'imposer ; mais il n'eut garde de leur dire que cet amas d'or, d'argent, et de pierres de grand prix était l'ouvrage d'une longue suite de rois qui avaient concouru à l'augmenter, l'usage étant établi à Siam que les rois ne s'illustrent qu'autant qu'ils augmentent considérablement ce trésor, sans qu'il leur soit jamais permis d'y toucher, quelque besoin qu'ils en puissent avoir d'ailleurs.

Il lui fit visiter ensuite toutes les plus belles pagodes de la ville et de la campagne ; on appelle pagodes, à Siam, les temples des idoles et les idoles elles-mêmes ; ces temples sont remplis de statues de plâtre, dorées avec tant d'art qu'on les prendrait aisément pour de l'or. M. Constance ne manqua pas de faire entendre qu'elles en étaient en effet, ce qui fut cru d'autant plus facilement qu'on ne pouvait les toucher, la plupart étant posées dans des endroits fort élevés et les autres étant fermées par des grilles de fer qu'on n'ouvre jamais, et dont il n'est permis d'approcher qu'à une certaine distance.

La magnificence des présents destinés au roi et à la cour pouvant contribuer au dessein que le ministre se proposait, il épuisa le royaume pour les rendre en effet très magnifiques. Il n'y a qu'à voir ce qu'en ont écrit le père Tachard et l'abbé de Choisy ; on peut dire dans la vérité qu'il porta les choses jusqu'à l'excès, et que non content d'avoir ramassé tout ce qu'il put trouver à Siam, ayant, outre cela, envoyé à la Chine et au Japon, pour en rapporter ce qu'il y avait de plus rare et de plus curieux, il ne discontinua à faire porter sur les vaisseaux du roi que lorsqu'ils n'en purent plus contenir.

Enfin, pour ne laisser rien en arrière, chacun eut son présent en particulier, et il n'y eut pas jusqu'aux matelots qui ne se sentissent de ses libéralités. Voilà comment et par quelles voies M. l'ambassadeur et tous nos Français furent trompés par cet habile ministre qui, ne perdant pas de vue son projet, n'oubliait rien de tout ce qui pouvait concourir à le faire réussir.

Tout se préparait pour le départ. M. de Chaumont eut son audience de congé ; comme je ne devais pas le suivre, et que je ne trouvais pas à employer à Siam les six mille livres que m'avait produit le corail de Madame Rouillet, je remis cette somme entre les mains du facteur des Indes, de qui je retirai une lettre de change que j'envoyai à cette dame, m'excusant de n'avoir pas fait ses commissions, sur ce que je n'avais pas trouvé de quoi employer son argent d'une manière convenable. Enfin le jour du départ étant arrivé, nous partîmes, M. Constance et moi, pour accompagner M. l'ambassadeur jusqu'à son bord, d'où après bien des témoignages d'amitié de part et d'autre nous retournâmes à Louvo.

Il est temps maintenant d'expliquer les vues de politique de M. Constance ; nous dirons après les raisons pour lesquelles il souhaitait si ardemment de me retenir à Siam. Ce ministre, grec de nation, et qui, de fils d'un cabaretier d'un petit village appelé la Custode dans l'île de Céphalonie, était parvenu à gouverner despotiquement le royaume de Siam, n'avait pu s'élever à ce poste et s'y maintenir sans exciter contre lui la jalousie et la haine de tous les mandarins et du peuple même.

Il s'attacha d'abord au service du *barkalon*, c'est-à-dire au premier ministre : il en fut très goûté ; ses manières douces et engageantes, et plus que tout cela, un esprit propre pour les affaires, et que rien n'embarrassait, lui attirèrent bientôt toute la confiance de son maître, qui le combla de biens, et qui le présenta au roi comme un sujet propre à le servir fidèlement.

Ce prince ne le connut pas longtemps sans prendre aussi confiance en lui : mais par une ingratitude qu'on ne saurait assez détester, le nouveau favori, ne voulant plus de concurrent dans les bonnes grâces du prince, et abusant du pouvoir qu'il avait déjà auprès de lui, fit tant qu'il rendit le barkalon suspect et qu'il engagea peu après le roi à se défaire d'un sujet fidèle et qui l'avait toujours bien servi. C'est par là que M. Constance, faisant de son bienfaiteur la première victime qu'il immola à son ambition, commença à se rendre odieux à tout le royaume.

Les mandarins et tous les grands, irrités d'un procédé qui leur donnait lieu de craindre à tout moment pour eux-mêmes, conspirèrent en secret contre le nouveau ministre et se proposèrent de le perdre auprès du roi ; mais il n'était plus temps : il disposait si fort de l'esprit du prince, qu'il en coûta la vie à plus de trois cents d'entre eux, qui avaient voulu croiser sa faveur. Il sut ensuite si bien profiter de sa fortune et des faiblesses de son maître, qu'il ramassa des richesses immenses, soit par ses concussions et par ses violences, soit par le commerce dont il s'était emparé et qu'il faisait seul dans tout le royaume.

Tant d'excès qu'il avait pourtant toujours colorés sous le prétexte du bien public, avaient soulevé tout le royaume contre lui : mais tout se passait dans le secret, et personne n'osait se déclarer. Ils attendaient une révolution que la vieillesse du roi et sa santé chancelante leur faisaient regarder comme prochaine.

Constance n'ignorait pas leur mauvaise disposition à son égard, il avait trop d'esprit, et il connaissait trop les maux qu'il leur avait faits pour croire qu'ils les eussent sitôt oubliés eux-mêmes. Il savait d'ailleurs, mieux que personne, combien peu il y avait à compter sur la santé du roi toujours faible et languissant. Il connaissait aussi tout ce qu'il avait à craindre d'une révolution, et il comprenait fort bien qu'il ne s'en tirerait jamais s'il n'était appuyé d'une puissance étrangère qui le protégeât en s'établissant dans le royaume.

C'était là en effet tout ce qu'il avait à faire, et l'unique but qu'il se proposait. Pour y parvenir, il fallait d'abord persuader au roi de recevoir dans ses États des étrangers, et leur confier une partie de ses places. Ce premier pas ne coûta pas beaucoup à M. Constance ; le roi déférait tellement à tout ce que son ministre lui proposait, et celui-ci fit valoir si habilement tous les avantages d'une alliance avec des étrangers, que ce prince donna aveuglément dans tout ce qu'on voulut. La grande difficulté fut de se déterminer dans le choix du prince à qui on s'adresserait.

Constance qui n'agissait que pour lui n'avait garde de songer à aucun prince voisin ; le manque de fidélité est ordinaire chez eux, et il y avait trop à craindre qu'après s'être engraissés de ses dépouilles, ils ne le livrassent aux poursuites des mandarins, ou ne fissent quelque traité dont sa tête eût été le prix.

Les Anglais et les Hollandais ne pouvaient être attirés à Siam par l'espérance du gain, le pays ne pouvant fournir à un commerce considérable : les mêmes raisons ne lui permettaient pas de s'adresser ni aux Espagnols, ni aux Portugais ; enfin, ne voyant pas d'autre ressource, il crut que les Français seraient plus aisés à tromper. Dans cette vue, il engagea son maître à rechercher l'alliance du roi de France par l'ambassade dont nous avons parlé d'abord, et ayant chargé en particulier les ambassadeurs d'insinuer que leur maître songeait à se faire chrétien, chose à quoi il n'avait jamais pensé, le roi crut qu'il était de sa piété de concourir à cette bonne œuvre, en envoyant à son tour des ambassadeurs au roi de Siam.

Constance voyant qu'une partie de son projet avait si bien réussi, songea à tirer parti du reste. Il commença par s'ouvrir d'abord à M. de Chaumont, à qui il fit entendre que les Hollandais, dans le dessein d'agrandir leur commerce, avaient souhaité depuis longtemps un établissement à Siam ; que le roi n'en avait jamais voulu entendre parler, craignant l'humeur impérieuse de cette nation, et appréhendant qu'ils ne se rendissent maîtres de ses États : mais que si le roi de France, sur la bonne foi de qui il avait plus à compter, voulait entrer en traité avec Sa Majesté Siamoise, il se faisait fort de lui faire remettre la forteresse de Bancok, place importante dans le royaume, et qui en est comme la clef, à condition toutefois qu'on y enverrait des troupes, des ingénieurs, et tout l'argent qui serait nécessaire pour commencer l'établissement.

M. de Chaumont et M. l'abbé de Choisy, à qui cette affaire avait été communiquée, ne la jugeant pas faisable, ne voulurent pas s'en charger. Le père Tachard n'y fit pas tant de difficulté. Ébloui d'abord par les avantages qu'il crut que le roi retirerait de cette alliance, avantages que Constance fit sonner bien haut et fort au-delà de toute apparence de vérité ; trompé d'ailleurs par ce ministre adroit, et même hypocrite quand il en était besoin, et qui, cachant toutes ses menées sous une apparence de zèle, lui fit voir tant d'avantages pour la religion, soit de la part du roi de Siam, qui, selon lui, ne pouvait manquer de se faire chrétien un jour, soit par rapport à la liberté qu'une garnison française à Bancok assurerait aux missionnaires pour l'exercice de leur ministère ; flatté enfin par les promesses de M. Constance qui s'engagea à faire un établissement considérable aux jésuites, à qui il devait faire bâtir un collège et un observatoire à Louvo ; en un mot, ce père ne voyant rien dans tout ce projet que de très avantageux pour le roi, pour la religion et pour sa compagnie, n'hésita pas à se charger de cette négociation ; il se flatta même d'en venir à bout et le promit à M. Constance, supposé que le père de Lachaise voulût s'en mêler et employer son crédit auprès du roi.

Dès lors le père Tachard eut tout le secret de l'ambassade, et il fut déterminé qu'il retournerait en France avec les ambassadeurs siamois. Tout étant ainsi arrêté, mon retour était regardé par Constance comme l'obstacle qui pouvait le plus nuire à ses desseins. En voici la raison. Dans les différentes négociations où mes fonctions de major de l'ambassade m'avaient engagé auprès de lui, il avait reconnu dans moi une humeur libre et un caractère de franchise qui, ne m'ayant jamais permis de dissimuler, me faisait appeler tout par son nom. Dans cette pensée, il appréhenda que n'ayant pas une fort grande idée de Siam et du commerce qu'on pourrait y établir, ce que j'avais donné à connaître assez ouvertement, quoique je ne me doutasse en aucune sorte de son dessein, il appréhenda, dis-je, qu'étant en France, je ne fisse de même qu'à Siam, et, qu'en divulguant tout ce que je pensais de ce pays, je ne ruinasse d'un seul mot un projet sur la réussite duquel il fondait toutes ses espérances.

Et s'il faut dire la vérité, il n'avait pas tort de ne pas se fier à moi sur ce point ; car je n'aurais jamais manqué de dire tout ce que j'en savais, ayant assez à cœur l'intérêt du roi et de la nation, pour ne vouloir pas donner lieu par mon silence à une entreprise d'une très grande dépense et de nul rapport. Appréhendant donc qu'en disant la vérité, je ne gâtasse tout ce qu'il avait conduit avec tant d'art, il fit tout ce qu'il put pour me retenir, ainsi que j'ai déjà dit.

Voilà au vrai quelles furent ses raisons, dont je ne commençai à être instruit qu'après le départ des ambassadeurs, dans une longue conversation que j'eus avec lui, et dans laquelle il me laissa entrevoir une grande partie de ce que j'ai rapporté, et, pour le reste, j'en ai été instruit dans la suite, en partie dans des conversations particulières que j'ai eues avec des personnes qui en étaient informées à fond, et en partie par la suite des événements dont il m'a été aisé de démêler le principe, à mesure que je les voyais arriver. Je reviens maintenant à mon séjour à Siam.

III

Le chevalier de Forbin, grand amiral du royaume
de Siam et gouverneur de Bancok.

Après le départ des ambassadeurs, je me rendis à
Louvo avec M. Constance. Louvo est une maison de
campagne du roi de Siam ; ce prince y fait sa résidence ordinaire, et ne vient à Joudia, qui en est
éloigné d'environ sept lieues, que fort rarement et
dans certains jours de cérémonies. À mon arrivée, je
fus introduit dans le palais pour la première fois. La
situation où je trouvai les mandarins me surprit
extrêmement, et quoique j'eusse déjà un grand regret
d'être demeuré à Siam, il s'accrut au double par ce
que je vis.

Tous les mandarins étaient assis en rond sur des
nattes faites de petit osier. Une seule lampe éclairait
toute cette cour, et quand un mandarin voulait lire,
ou écrire quelque chose, il tirait de sa poche un bout
de bougie de cire jaune, il l'allumait à cette lampe, et
l'appliquait ensuite sur une pièce de bois, qui, tournant de côté et d'autre sur un pivot, leur servait de
chandelier.

Cette décoration si différente de celle de la cour
de France, me fit demander à M. Constance si toute
la grandeur de ces mandarins se manifestait dans ce
que je voyais ; il me répondit que oui. À cette
réponse me voyant interdit, il me tira à part, et me

49

parlant plus ouvertement qu'il n'avait fait jusqu'alors : « Ne soyez pas surpris, me dit-il, de ce que vous voyez ; ce royaume est pauvre à la vérité : mais pourtant votre fortune n'en souffrira pas, j'en fais mon affaire propre » ; et ensuite achevant de s'ouvrir à moi, nous eûmes une longue conversation, dans laquelle il me fit part de toutes ses vues qui revenaient à ce que j'ai rapporté il n'y a qu'un moment. Cette conduite de M. Constance ne me surprit pas moins que la misère des mandarins ; car quelle apparence qu'un politique si raffiné dût s'ouvrir si facilement à un homme dont il ne venait d'empêcher le retour en France que pour n'avoir jamais osé se fier à sa discrétion ?

Je continuai ainsi pendant deux mois à aller tous les jours au palais, sans qu'il m'eût été possible de voir le roi qu'une seule fois ; dans la suite je le vis un peu plus souvent. Ce prince me demanda un jour si je n'étais pas bien aise d'être resté à sa cour. Je ne me crus pas obligé de dire la vérité ; je lui répondis que je m'estimais fort heureux d'être au service de Sa Majesté. Il n'y avait pourtant rien au monde de si faux, car mon regret de n'avoir pu retourner en France augmentait à tout moment, surtout lorsque je voyais la rigueur dont les moindres petites fautes étaient punies.

C'est le roi lui-même qui fait exécuter la justice ; j'ai déjà dit qu'il a toujours avec lui quatre cents bourreaux qui composent sa garde ordinaire. Personne ne peut se soustraire à la sévérité de ses châtiments. Les fils et les frères des rois n'en sont pas plus exempts que les autres.

Les châtiments ordinaires sont de fendre la bouche jusqu'aux oreilles à ceux qui ne parlent pas assez, et de la coudre à ceux qui parlent trop. Pour des fautes assez légères, on coupe les cuisses à un homme, on lui brûle les bras avec un fer rouge, on lui donne des coups de sabre sur la tête, on lui arrache les dents. Il faut n'avoir presque rien fait pour n'être condamné qu'à la bastonnade, à porter la cangue au cou, ou à être exposé tête nue à l'ardeur du soleil. Pour ce qui est de se voir enfoncer des bouts de cannes dans les ongles, qu'on pousse jusques à la racine, mettre les pieds au cep, et plusieurs autres supplices de cette espèce il n'y a presque personne à qui cela ne soit arrivé, au moins quelquefois dans la vie.

Surpris de voir les plus grands mandarins exposés à la rigueur de ces traitements, je demandai à M. Constance si j'avais à les craindre pour moi ; il me répondit que non, et que cette sévérité n'avait pas lieu pour les étrangers. Mais il mentait, car il avait eu lui-même la bastonnade sous le ministre précédent, comme je l'appris depuis.

Pour achever, le roi me fit donner une maison fort petite ; on y mit trente-six esclaves pour me servir, et deux éléphants. La nourriture de tout mon domestique ne me coûtait que cinq sous par jour, tant les hommes sont sobres dans ce pays, et les denrées à bon marché ; j'avais la table chez M. Constance. Ma maison fut garnie de quelques meubles peu considérables ; on y ajouta douze assiettes d'argent, deux grandes coupes de même métal, le tout fort mince, quatre douzaines de serviettes de toile de coton, et deux bougies de cire jaune par jour. Ce fut là tout l'équipage de M. le grand amiral, général des armées du roi : il fallut pourtant s'en contenter.

Quand le roi allait à la campagne, ou à la chasse à l'éléphant, il fournissait à la nourriture de ceux qui le suivaient : on nous servait alors du riz et quelques ragoûts à la siamoise ; les naturels du pays les trouvaient bons ; mais un Français peu accoutumé à ces sortes d'apprêts ne pouvait guère s'en accommoder. À la vérité, M. Constance, qui suivait presque toujours, avait soin de faire porter de quoi mieux manger ; mais quand les affaires particulières le retenaient chez lui, j'avais grand-peine à me contenter de la cuisine du roi.

Souvent, dans ces sortes de divertissements, le roi me faisait l'honneur de s'entretenir avec moi. Je lui répondais par l'interprète que M. Constance m'avait donné. Comme ce prince me donnait beaucoup de marques de bienveillance, je me hasardais quelquefois à des libertés qu'il me passait, mais qui auraient mal réussi à tout autre. Un jour qu'il voulait faire châtier un de ses domestiques pour avoir oublié un mouchoir, ignorant les coutumes du pays, et étant d'ailleurs bien aise d'user de ma faveur pour rendre service à ce malheureux, je m'avisai de demander grâce pour lui.

Le roi fut surpris de ma hardiesse, et se mit en colère contre moi ; M. Constance, qui en fut témoin, pâlit, et appréhenda de me voir sévèrement punir : pour moi, je ne me déconcertai point, et ayant pris la parole, je dis à ce prince que le roi de France, mon maître, était charmé qu'en lui demandant grâce pour les coupables, on lui donnât occasion de faire éclater sa modération et sa clémence, et que ses sujets, reconnaissant les grâces qu'il leur faisait, le servaient avec plus de zèle et d'affection, et étaient toujours prêts à exposer leur vie pour un prince qui se rendait si aimable par sa bonté. Le roi, charmé de ma réponse, fit grâce au coupable, en disant qu'il voulait imiter le roi de France ; mais il ajouta que cette conduite, qui était bonne pour les Français, naturellement généreux, serait dangereuse pour les Siamois ingrats, et qui ne pouvaient être contenus que par la sévérité des châtiments.

Cette aventure fit bruit dans le royaume, et surprit les mandarins : car ils comptaient que j'aurais la bouche cousue, pour avoir parlé mal à propos. Constance même m'avertit en particulier d'y prendre garde à l'avenir, et blâma fort ma vivacité, qu'il accusa d'imprudence ; mais je lui répondis que je ne pouvais m'en repentir, puisqu'elle m'avait réussi si heureusement.

En effet, bien loin de me nuire, je remarquai que depuis ce jour-là le roi prenait plus de plaisir à s'entretenir avec moi. Je l'amusais en lui faisant mille contes que j'accommodais à ma manière, et dont il paraissait satisfait. Il est vrai qu'il ne me fallait pas pour cela de grands efforts, ce prince étant grossier et fort ignorant. Un jour qu'étant à la chasse, il donnait ses ordres pour la prise d'un petit éléphant, il me demanda ce que je pensais de tout cet appareil, qui avait en effet quelque chose de magnifique. « Sire, lui répondis-je, en voyant Votre Majesté entourée de tout ce cortège, il me semble voir le roi mon maître à la tête de ses troupes, donnant ses ordres et disposant toutes choses dans un jour de combat. » Cette réponse lui fit grand plaisir ; je l'avais prévu, car je savais qu'il n'aimait rien tant au monde que d'être comparé à Louis le Grand.

Et s'il faut dire la vérité, cette comparaison qui ne roulait que sur la grandeur et la magnificence extérieure des deux princes, n'était pas absolument sans quelque justesse, y ayant peu de spectacle au monde plus superbe que les sorties publiques du roi de Siam ; car, quoique le royaume soit pauvre, et qu'on n'y voie aucun vestige de magnificence nulle part, cependant, lors que le roi, qui passe sa vie renfermé dans l'intérieur de son palais, sans que personne y soit jamais admis, pas même ses plus intimes confidents, à qui il ne parle que par une fenêtre ; lors, dis-je, que ce prince se montre en public, il y apparaît dans toute la pompe convenable à la majesté d'un très grand roi.

Une des sorties où il se montre avec plus d'éclat, c'est lorsqu'il va, toutes les années, sur la rivière, commander aux eaux de se retirer. J'ai déjà dit plus d'une fois que tout le royaume est inondé six mois de l'année ; cette inondation est principalement causée en été par la fonte des neiges des montagnes de Tartarie ; mais lorsque l'hiver revient, le dégel cessant, les eaux commencent peu à peu à diminuer, et, laissant le pays à sec, les Siamois prennent ce temps pour faire leur récolte de riz, qu'ils ont plus abondamment qu'en aucun autre pays du monde.

C'est dans cette saison, et lorsqu'on commence à s'apercevoir que les eaux sont notablement diminuées, que le roi sort pour la cérémonie dont nous parlons. Il y paraît sur un grand trône tout éclatant d'or, posé sur le milieu d'un balon superbe : dans cet état, suivi d'une foule de grands et de petits mandarins assemblés de toutes les provinces, chacun dans des balons magnifiques, et accompagnés eux-mêmes d'une infinité d'autres balons, il va, jusque dans un certain endroit de la rivière, donner un coup de sabre dans l'eau, en lui commandant de se retirer. Au retour de cette fête, il y a un prix considérable pour le balon qui, remontant la rivière, arrive le premier au palais. Rien n'est si agréable que ce combat et les différents tours que ces balons, qui remontent avec beaucoup de légèreté, se font entre eux pour se supplanter.

Pour revenir à notre chasse, après que l'éléphant fut pris, le roi continua à s'entretenir avec moi ; et pour me faire comprendre combien ces animaux paraissent doués d'intelligence. « Celui que je monte actuellement, me dit ce prince, peut être cité pour exemple. Il avait, il n'y a pas longtemps, un cornac, ou palefrenier, qui le faisait jeûner, en lui retranchant la moitié de ce qui était destiné pour sa nourriture. Cet animal qui n'avait point d'autre manière de se plaindre que ses cris, en fit de si horribles qu'on les entendait de tout le palais ; ne pouvant deviner pourquoi il criait si fort, je me doutai du fait, et je lui fis donner un nouveau cornac, qui, étant plus fidèle, et qui lui ayant donné, sans lui faire tort, toute la mesure de riz, l'éléphant la partagea en deux avec sa trompe et n'en ayant mangé que la moitié, il se mit à crier tout de nouveau, indiquant par là, à tous ceux qui accoururent au bruit, l'infidélité du premier cornac, qui avoua son crime, dont je le fis sévèrement châtier. »

Ce prince me raconta encore sur ce sujet plusieurs autres traits qui m'auraient paru incroyables, si tout autre m'en avait fait le récit ; mais voici des faits que j'ai vus moi-même. Quand les éléphants sont en rut, ils deviennent furieux, en sorte qu'on est obligé, pour les adoucir, de tenir une femelle auprès d'eux, surtout lorsqu'on va les abreuver. La femelle marche devant avec un homme dessus, qui donne d'une espèce de cor, pour avertir le monde d'être sur ses gardes et de se retirer.

Un jour, un éléphant en rut, qu'on menait ainsi à l'abreuvoir, se sauva et fut se mettre au milieu de la rivière, hurlant et faisant fuir tout le monde. Je montai à cheval pour le suivre et pour voir ce qu'il deviendrait. Je trouvai la femme du cornac qui était accourue sur le bord de l'eau, et qui, faisant des reproches à cet animal, lui parlait à peu près dans ces termes : « Tu veux donc qu'on coupe la cuisse à mon mari ? car tu sais que c'est le châtiment ordinaire des cornacs, quand ils laissent échapper leurs éléphants ? Eh bien ! puisque mon mari doit mourir, tiens, voilà encore mon enfant ; viens le tuer aussi. » En achevant ces mots, elle posa l'enfant à terre, et s'en alla. L'enfant se mit à pleurer ; alors l'éléphant parut se laisser attendrir ; il sortit de l'eau, prit l'enfant avec sa trompe, et l'apporta dans la maison, où il demeura tranquille.

Un autre jour, je vis un autre éléphant qu'on menait à l'abreuvoir. Comme il badinait par les rues avec sa trompe, il la porta auprès d'un tailleur, qui, pour l'obliger à se retirer, le piqua avec son aiguille. Au retour de la rivière, il alla badiner de nouveau auprès du tailleur, qui le piqua encore légèrement ; à l'instant même, cet animal lui couvrit le corps d'une barrique d'eau bourbeuse qu'il avait apportée pour se venger. Quand le coup fut fait, l'éléphant, voyant son homme ainsi inondé, s'applaudit, et parut rire à sa manière, comme pourrait faire un homme qui aurait fait quelque bon tour.

Les Siamois tirent des services considérables de ces animaux, ils s'en servent presque comme de domestiques, surtout pour avoir soin des petits enfants. Ils les prennent avec leur trompe, les couchent dans de petits branles, les bercent et les endorment ; et quand la mère en a besoin, elle les demande à l'éléphant, qui va les chercher et les lui apporte.

Le roi continuait à me donner tous les jours de nouvelles marques de bonté, en m'admettant de plus en plus dans ses entretiens particuliers. Il arriva un jour qu'en revenant de la chasse il se trouva mal. Le lendemain sa maladie augmenta, sur quoi les médecins ayant été appelés, ils opinèrent à la saignée. Il y avait de la difficulté à ce remède ; car les Siamois regardant leur roi comme une divinité, ils n'oseraient le toucher. L'affaire étant proposée au conseil, un mandarin fut d'avis qu'on perçât un grand rideau, à travers lequel Sa Majesté ayant passé le bras, un chirurgien le saignerait sans savoir que ce fût le roi.

Cet avis ridicule ne me plut pas, et me servant de la liberté que j'avais de parler sans qu'on le trouvât mauvais, je dis que les rois sont comme des soleils, dont la clarté, quoiqu'obscurcie par des nuages, paraît toujours ; que quelque expédient qu'on prît, on ne saurait venir à bout de cacher la majesté du prince, qui se ferait toujours assez sentir : mais que si la saignée était absolument nécessaire, il y avait à la cour un chirurgien français dont on pouvait se servir ; qu'étant d'un pays où l'on saigne sans difficulté les rois et les princes toutes les fois qu'ils en ont besoin, il n'y avait qu'à l'employer, et que j'étais assuré que Sa Majesté n'aurait pas regret à la confiance qu'elle aurait prise en lui. Le roi approuva mon avis ; il n'eut pas lieu de s'en repentir, ce prince ayant recouvré la santé.

À peu près dans ce temps-là, un accident imprévu mit au jour un trait de fourberie que M. Constance avait fait à M. de Chaumont et à sa suite. J'ai dit qu'en leur étalant les richesses de Siam, il avait eu un grand soin de leur montrer les plus belles pagodes du royaume, et qu'il avait assuré qu'elles étaient toutes d'or massif. Parmi ces statues, il y en avait une de hauteur colossale, elle était de quinze à seize pieds de haut ; on l'avait fait passer pour être de même métal que les autres : le père Tachard et l'abbé de Choisy y avaient été trompés, aussi bien que tous nos Français, et avaient cru ce fait si constant qu'ils l'ont rapporté dans leur relation. Par malheur la voûte de la chapelle, où la statue était renfermée, fondit et mit en pièces la pagode, qui n'était que de plâtre doré. L'imposture parut ; mais les ambassadeurs étaient loin. Je ne pus pas gagner sur moi de ne pas faire sur ce sujet quelque raillerie à M. Constance, qui me témoigna n'y prendre pas plaisir.

Peu après nous eûmes ordre, Constance et moi, d'aller à Bancok, pour y faire travailler à un nouveau fort, qui devait être remis aux soldats français que le roi de Siam avait demandés, et qu'il attendait au retour des ambassadeurs. Nous y traçâmes un pentagone. Comme Bancok est la clef du royaume, le roi y entretenait dans un petit fort carré, deux compagnies de quarante hommes chacune, formées de Portugais, métis ou créoles des Indes ; on donne ce nom à ceux qui sont nés dans les Indes, d'un Portugais et d'une Japonaise chrétienne. Ces métis apprenant que j'arrivais en qualité de général, et que je devais les commander, se mutinèrent.

Un prêtre de leur nation fut cause de cette révolte. Après avoir dit la messe, prenant tout à coup l'air d'un homme inspiré, il se tourna vers le peuple, et leur adressant la parole : « Mes chers compatriotes, leur dit-il, la nation portugaise ayant toujours été dominante dans les Indes, il serait honteux pour elle qu'un Français entreprît aujourd'hui de vous commander : marchez donc courageusement et ne souffrez pas un pareil affront. Ne craignez rien, Dieu vous bénira, comme il a toujours fait jusqu'ici ; cependant recevez sa bénédiction que je vous donne de sa part. » Il n'en fallut pas davantage pour les mettre en mouvement.

Nous étions occupés, Constance et moi, à l'arrangement des travailleurs, pour commencer les fossés du fort, lorsque nous vîmes arriver le colonel portugais, qui dit à M. Constance que ses soldats s'étaient révoltés. Le ministre lui en demanda la raison, « c'est, lui répliqua le colonel, parce qu'ils ne veulent pas obéir à un officier français ».

À ce discours m'avançant sur un bastion, je vis venir une troupe de soldats, le fusil sur l'épaule, qui marchaient droit vers le fort ; j'en avertis M. Constance, et, l'ayant tiré à part: « Cet officier, lui dis-je, est sûrement complice de la révolte, puisqu'il vient vous avertir quand les séditieux sont en marche ; ils en veulent à votre personne comme à la mienne : je vais commencer par me saisir de celui-ci, je l'obligerai à faire retourner ses soldats, et s'il résiste, je le tuerai. » Alors, mettant l'épée à la main, je sautai sur le Portugais que je désarmai comme un enfant, et, lui tenant la pointe de l'épée sur la poitrine, je le menaçai de le tuer, s'il ne criait à ces séditieux de s'en retourner.

Constance paya de sa personne dans cette occasion ; il sortit du fort avec beaucoup de fermeté et sans se troubler, et allant à la rencontre des mutins qui n'étaient plus qu'à dix pas de la porte, il leur demanda d'un air de hauteur ce qu'ils prétendaient. Ils répondirent tout d'une voix qu'ils ne voulaient point du commandant français qu'on leur avait destiné. Ce ministre, qui avait pour le moins autant d'esprit que de courage, les assura que je devais, à la vérité, commander les Siamois, mais nullement les Portugais.

Cette réponse semblait les calmer, lorsqu'un de la troupe voyant d'une part ses camarades incertains de ce qu'ils avaient à faire, et de l'autre côté entendant le colonel, qui du haut du bastion leur criait de toute sa force d'obéir à M. Constance, prit la parole et mettant la main sur la garde de son épée : « À quoi bon, dit-il, tant de raisonnements ? Devons-nous nous fier à ses promesses ? » Constance, qui se vit au moment d'être massacré, sauta sur ce scélérat, lui ôta son épée, et, après avoir adouci ses camarades par de bonnes paroles, les renvoya chez eux.

Comme cet attentat pouvait avoir de dangereuses conséquences s'il demeurait impuni, le colonel fut arrêté, les soldats et les officiers qui étaient entrés dans la sédition le furent aussi, et, par ordre de M. Constance, j'assemblai un conseil de guerre assez mal ordonné à la vérité ; mais nous étions dans un pays où l'on n'en avait jamais vu ; nous ne laissâmes pourtant pas de condamner le soldat qui avait porté la main sur la garde de son épée à avoir le poing coupé : deux autres qui furent convaincus d'avoir été les chefs de la sédition furent condamnés à mort. Il y eut quelques officiers exilés, et le reste des soldats fut condamné aux galères : mais avant que de les y envoyer, ils furent enchaînés deux à deux, comme nos forçats, et obligés de travailler aux fortifications. Cette exécution faite, et tous les ordres nécessaires étant donnés afin que le travail se continuât, nous repartîmes, M. Constance et moi, et nous nous rendîmes à Louvo.

À notre arrivée, M. Constance se trouva embarrassé dans une méchante affaire, qui faillit à le perdre, et de laquelle je puis dire avec vérité qu'il ne se serait jamais tiré sans moi. Son avidité pour le gain la lui avait attirée ; voici à quelle occasion. Avant que de partir pour Bancok, il avait voulu acheter une cargaison de bois de sandal ; pour cela il s'était adressé à un Français huguenot, nommé le sieur de Rouan, qui en avait fait venir une grande quantité de l'île de Timor[1]. Il avait fait des profits très considérables sur une partie qu'il en avait déjà vendu. Constance voulait s'accommoder du reste, mais il le voulait à bas prix ; le marchand ne voulut jamais y entendre : sur quoi n'étant pas d'accord, le ministre lui chercha noise, et usant de son autorité, le fit arrêter et mettre aux fers.

Dans ce temps-là nous partîmes pour Bancok : pendant notre absence, le facteur français de la compagnie d'Orient, instruit de la vexation faite au sieur de Rouan, et voulant avoir satisfaction de l'affront qu'il prétendait avoir été fait à la nation, s'en alla à Louvo planter le pavillon blanc devant le palais. Le

---

1. Ile de la Sonde, à l'extrémité orientale de l'archipel indonésien.

roi, surpris de cette nouveauté, envoya un mandarin pour en apprendre le sujet. Le facteur répondit qu'il venait demander justice de l'injure que la nation avait reçue ; qu'on avait mis aux fers un Français, sans qu'il fût coupable d'aucun crime ; qu'il demandait qu'on lui en fît réparation, à défaut de quoi il suppliait Sa Majesté de lui permettre de sortir du royaume avec tout ce qu'il y avait de Français.

Le roi, qui ignorait la manœuvre de son ministre, envoya dire au facteur qu'il pouvait retourner chez lui et que, quand nous serions revenus, Constance et moi, il s'informerait de cette affaire, et qu'il rendrait bonne justice. Ce prince, surtout depuis l'ambassade, aimait beaucoup les Français, il les protégeait volontiers et ne les voyait sortir de son royaume qu'avec regret.

À peine fûmes-nous à Louvo, que M. Constance fut averti de la démarche du facteur. Sans perdre un moment de temps, il se rendit au palais, comptant de détruire d'un seul mot tout ce qui avait été dit contre lui : mais il n'en fut pas ainsi ; le roi irrité le maltraita en paroles et le menaça de le faire châtier, s'il ne se justifiait dans tout le jour.

Constance répondit brièvement « que bien loin d'être capable de maltraiter la nation française, il n'y en avait point dans le royaume pour qui il eût tant d'égards ; qu'il suppliait Sa Majesté de s'en rapporter à mon témoignage ; qu'étant par ma naissance et par mes emplois bien au-dessus de ce facteur, il y avait apparence que j'aurais porté mes plaintes à Sa Majesté, si on m'en avait donné occasion : mais qu'il espérait que je viendrais dans un moment rendre témoignage à son innocence et certifier à Sa Majesté l'attention qu'il avait à ne rien faire dont la nation française pût s'offenser ».

M. Constance, en sortant du palais, vint me chercher, et m'abordant : « Monsieur, me dit-il, il s'agit de me rendre un service essentiel. Le facteur de la compagnie de France a porté plainte contre moi, au sujet de l'emprisonnement du sieur de Rouan ; vous savez aussi bien que moi que, quoiqu'il soit originairement Français, il est huguenot et que, comme tel, ayant été contraint de sortir de France, il est depuis longtemps au service des Anglais, et qu'il n'appartient nullement à la compagnie française, au service de laquelle il ne fut jamais. Nonobstant cela, le facteur le protège de tout son pouvoir ; et quoiqu'il n'ignore pas que le sieur de Rouan est devenu Anglais, et par sa sortie de France, et par la religion qu'il professe, il ne laisse pas de se déclarer hautement pour lui, et veut l'agréger au corps de la nation à laquelle il a si solennellement renoncé. Vous sentez sans doute l'injustice de ce procédé ; j'espère que vous viendrez me justifier auprès du roi et que vous me servirez dans cette occasion comme je vous servirais si vous étiez en pareil cas. »

M. Constance était encore chez moi lorsque le roi m'envoya chercher. Je me rendis incessamment au palais, où tout le conseil attendait en silence l'événement de cette affaire. Il n'y avait aucun des mandarins qui ne souhaitât la perte du ministre ; la plupart la regardaient comme inévitable, et ils s'en tenaient d'autant plus assurés que, s'agissant d'un Français, ils ne doutaient pas que je ne dusse appuyer les plaintes que le facteur avait faites. Ils furent trompés dans leur attente, je justifiai amplement

63

M. Constance. Après avoir loué son zèle pour le service de Sa Majesté, je représentai que le Français qu'on avait châtié ne devait point être regardé comme membre de la nation, puisque le roi mon maître l'avait banni de ses États ; que le facteur avait sans doute ignoré ce point, sans quoi il ne se serait pas intéressé si vivement pour un homme qui appartenait aux Anglais, et non à la France ; je déclarai que je me chargeais de faire entendre raison au facteur ; je finis en ajoutant que je ne pouvais trop remercier Sa Majesté de la protection qu'elle voulait bien accorder à la nation, et je suppliai ce prince de la lui continuer, l'assurant que le roi mon maître lui en marquerait sa reconnaissance.

Mon témoignage justifia Constance si pleinement dans l'esprit du roi, qu'il fut apaisé sur-le-champ ; et se tournant de mon côté, il me dit gracieusement ces mots : *choca di nacna*, c'est-à-dire je suis content et satisfait. Je courus sur-le-champ chez le ministre pour lui apprendre le détail de tout ce qui s'était passé ; il me sauta au cou, et m'embrassant mille et mille fois, m'assura qu'il n'oublierait jamais le service signalé que je venais de lui rendre.

Je lui représentai que pour finir entièrement cette affaire, il convenait de faire mettre en liberté le Français qui était aux fers et de lui faire rendre sa cargaison de bois de sandal, le priant, pour l'avenir, de laisser aux Français une entière liberté de commercer dans tout le royaume ; qu'à cette condition j'adoucirais facilement le facteur de la compagnie. Constance promit et exécuta tout ce que je lui demandais, et cette affaire finit sans qu'il lui en arrivât d'autre mal.

Il semblait qu'après un service si important, je devais trouver dans M. Constance un ami à l'épreuve de tout. Ce fut pourtant ce même service qui fut une des principales causes de tout le mal qu'il voulut me faire dans la suite.

Constance était naturellement fort jaloux et très méfiant ; il avait d'abord vu avec quelque peine les bontés du roi à mon égard, et il aurait bien souhaité que ce prince m'eût donné un peu moins de liberté de parler et de dire ce que je voulais ; cependant toute cette faveur ne l'avait encore que peu alarmé : mais lorsqu'il vit que pour le tirer lui-même d'un très mauvais pas, je n'avais eu qu'à parler, il commença à me craindre tout de bon ; et considérant qu'il pourrait bien m'être un jour aussi aisé de le perdre qu'il m'avait été aisé de le protéger, il songea sérieusement à traverser un commencement de faveur qu'il croyait déjà trop avancé, mais qu'il résolut d'interrompre à quelque prix que ce fût.

Tandis qu'il délibérait sur les moyens, il eut lieu de se confirmer dans sa résolution par une nouvelle grâce dont il plut au roi de m'honorer. Ce prince lui dit de me faire savoir qu'il m'avait nommé à la dignité d'*opra sac di son craam*, ce qui revient à peu près à la dignité de maréchal de France. Ce nom barbare veut dire une divinité qui a toutes les lumières et toute l'expérience pour la guerre ; en même temps il lui marqua le jour de ma réception, et lui ordonna de faire en sorte que tout fût prêt. En voici la cérémonie.

Les mandarins étant venus me prendre chez moi, ils me conduisirent jusque dans l'enceinte du palais. Quand nous fûmes à cent pas de la fenêtre où le roi était, je me prosternai à terre et tous les grands mandarins en firent de même. Nous marchâmes appuyés sur les coudes et sur les genoux environ une cinquantaine de pas ; deux maîtres de cérémonie marchaient devant en même posture. À une certaine distance de l'endroit d'où nous étions partis, nous fîmes tous ensemble une seconde révérence, qui se fait en se relevant sur les genoux et battant du front à terre, les mains jointes par-dessus la tête. Tout ceci se passe dans un grand silence. Enfin nous nous prosternâmes une troisième fois quand nous fûmes arrivés sous la fenêtre du roi. Ce prince alors m'envoya le bétel, en prononçant deux mots qui signifient : je vous reçois à mon service.

Le bétel que le roi donne dans cette occasion est une grâce des plus singulières qu'il puisse faire à un sujet. Ce bétel est une espèce de fruit à peu près semblable au gland ; la peau en est verte, elle est remplie de petits nerfs et d'une eau insipide. On coupe ce gland en quatre parties, et après l'avoir mêlé avec de la chaux faite de coquillages calcinés, on l'enveloppe d'une feuille qui ressemble à celle du lierre. Les Siamois mâchent le bétel avec plaisir, et trouvent qu'il est utile à la santé.

La cérémonie de ma réception finit à peu près comme elle avait commencé. Nous retournâmes sur nos pas en marchant toujours sur nos coudes et sur nos genoux, mais à reculons, et en faisant les trois révérences, le roi se tenant toujours à sa fenêtre, et nous reconduisant des yeux jusques au lieu d'où nous étions partis.

Lorsque nous y fûmes arrivés, un maître de cérémonie me donna la boussette avec son fourreau, et une boîte peinte de rouge pour fermer le tout. Cette boussette est une façon de petit coffre d'or et d'argent fort mince, ciselé fort proprement, et sur lequel sont représentées plusieurs figures de dragons. Il y a dans ce coffre deux petites tasses d'or fort minces aussi, l'une pour le bétel, et l'autre qui sert à mettre les feuilles dont on l'enveloppe. Il y a encore un étui d'or pour fermer la chaux, une espèce de petite cuiller de même métal pour appliquer la chaux sur le bétel, et un petit couteau à manche d'or pour couper le gland.

Quand tout fut fait, les mandarins qui m'accompagnaient me firent un compliment fort court, selon l'usage, et une inclination de tête, tenant les mains jointes devant la poitrine, et me reconduisirent ensuite chez moi. Après la cérémonie, le roi voulant ajouter grâce sur grâce, m'envoya deux pièces d'étoffes des Indes à fleurs d'or ; j'en eus amplement de quoi faire deux habits magnifiques.

Ces dernières marques de la bonté du roi à mon égard ayant, comme j'ai dit, excité encore plus violemment la jalousie de M. Constance, il ne balança plus à mettre tout en usage pour se défaire de moi. Comme il ne pouvait plus entreprendre de me décréditer auprès du roi, il résolut d'abord de m'empoisonner ; j'en fus averti par un de mes amis, ce qui me détermina à manger à mon particulier.

Cette démarche qui devait le faire douter que j'avais au moins quelque connaissance de ses desseins, ne lui fit pas changer de résolution. Un jour que j'avais la fièvre, ignorant mon indisposition, il m'envoya du lait caillé qu'il savait que j'aimais beaucoup. Quand je me serais bien porté je n'aurais eu garde d'y toucher. Ayant eu l'imprudence de le laisser à mes esclaves, il y en eut quatre qui en mangèrent et qui moururent presque sur-le-champ. Je parlai de cette aventure à M. l'évêque de Métellopolis, qui me dit qu'il n'y savait point de remède, mais qu'il fallait mettre ma confiance en Dieu, et cependant être toujours sur mes gardes.

IV

Le chevalier de Forbin apaise une sédition.

Cette première tentative ne lui ayant pas réussi, il songea à m'éloigner au moins de la cour. Les circonstances où le royaume se trouva pour lors, lui en fournirent bientôt l'occasion ; mais comme outre mon éloignement il voulait absolument me perdre, son esprit fécond en expédients lui fit imaginer tant d'autres moyens de se défaire de moi, qu'il ne douta pas que je ne dusse enfin succomber. Voici l'occasion qui les fit naître, et comment il en tira parti.

Un des princes des Macassars, fuyant l'oppression des Hollandais, et suivi d'environ trois cents des siens qui l'avaient accompagné dans sa fuite, s'était retiré depuis quelque temps en çà dans le royaume de Siam. À son arrivée il s'était adressé au roi, qui, touché du malheur où il voyait ce prince, le reçut avec bonté, et lui assigna un camp selon l'usage du royaume, c'est-à-dire une certaine portion de terre, où il pût se retirer avec les siens.

Ce Macassar remuant et ambitieux ne put pas se tenir longtemps en repos ; il conjura avec les princes de Camboye[1], de Malacca et le prince de

---

1. On écrit plus communément Cambodge et Malaka. Camboye, Malacca et Chiampia étaient trois petits États voisins des royaumes d'Annam et de Siam.

Chiampia. Leur projet était de faire mourir le roi, et de s'emparer du royaume qu'ils avaient déjà partagé entre eux ; et comme ils étaient tous mahométans, ils étaient convenus de faire périr tous les chrétiens portugais et japonais sans qu'il en échappât un seul. M. Constance, informé de cette conjuration et du jour qu'elle devait éclater, après en avoir conféré avec le roi, fit donner tous les ordres nécessaires pour la sûreté du royaume.

Il ne pouvait guère se présenter d'occasion plus favorable pour m'éloigner de la cour. Bancok, dont j'étais gouverneur, était une place trop importante pour la laisser abandonnée dans des conjonctures si périlleuses. J'eus donc ordre de m'y rendre incessamment, d'y faire finir au plus tôt les fortifications, de travailler à de nouvelles levées de soldats siamois jusqu'à la concurrence de deux mille hommes, et de les dresser à la manière de France.

Pour subvenir aux frais que je devais faire en qualité de général, Constance eut ordre de me compter cent *catis* qui reviennent à la somme de quinze mille livres de notre monnaie ; mais je ne touchai que mille écus, le ministre s'excusant pour le reste sur ce qu'il n'y avait pas pour lors de l'argent dans l'épargne. Il se contenta de me faire son billet, et de m'assurer que lorsque certains bâtiments, qu'il attendait tous les jours de la Chine, seraient arrivés, je serais payé des douze mille livres qui restaient.

Le roi, voulant que je fusse obéi et respecté dans mon gouvernement, me donna quatre de ses bourreaux pour faire justice, ce qui n'avait lieu pourtant que jusqu'à la bastonnade, n'ayant ordinairement dans le royaume que le roi seul, ou en certaines occasions, son premier ministre, qui puissent condamner à mort.

Je partis sans avoir eu le moindre avis de la conjuration et sans savoir à quelle occasion on me renvoyait dans mon gouvernement. Constance, qui savait à point nommé le jour auquel les rebelles devaient faire leur dernière assemblée, prit si bien ses mesures et me fit partir si à propos pour me faire tomber entre leurs mains, que je me trouvai, sans le savoir, au milieu des conjurés, dont l'entrevue se faisait sur ma route, et qui me laissèrent passer, je ne sais pourquoi, leur projet devant éclater le lendemain ou le jour d'après pour le plus tard.

En arrivant à Bancok, autre danger où je ne courus pas un moindre risque. Aux premières nouvelles de la conjuration, Constance avait envoyé à mon insu faire mettre en liberté les Portugais que le conseil de guerre avait condamnés aux galères ; il avait ordonné qu'on en formât des compagnies comme auparavant, et que les officiers exilés fussent rappelés.

M'envoyer ainsi, sans m'avoir donné le moindre avis de ce changement, c'était me livrer, pieds et poings liés, à mes ennemis ; je le compris parfaitement, lorsqu'à mon arrivée je trouvai sous les armes des gens que j'avais fait enchaîner peu auparavant ; mais la malice de Constance ne me porta aucun préjudice, je me tins dans le commencement sur mes gardes, et je maniai ensuite si adroitement l'esprit des soldats et des officiers, en donnant souvent à manger à ces derniers, et en ne parlant aux premiers qu'obligeamment, que je me rendis maître des uns et des autres, et que d'ennemis que je les avais laissés en partant, j'en fis des amis qui m'aimèrent dans la suite sincèrement et de bonne foi.

M. Constance, peu satisfait de m'avoir éloigné de la cour, et désespéré de n'avoir encore pu venir à bout de ses desseins, me tendit un nouveau piège qu'il crut infaillible, et qui lui aurait immanquablement réussi, si le Seigneur ne m'avait visiblement protégé ; mais enfin je m'en tirai encore assez heureusement, au moins par rapport à moi, qui n'en reçus aucun dommage dans ma personne, quoiqu'il me causât d'ailleurs beaucoup de fatigues, et qu'il donnât lieu à répandre bien du sang, comme on verra par ce que je vais dire.

Le capitaine d'une galère de l'île des Macassars qui était venu à Siam pour commercer, avait eu part, et était même entré assez avant dans la conjuration. La voyant manqué, il s'était retiré dans son bord, résolu de retourner chez lui, s'il en avait occasion, ou de vendre chèrement sa vie si l'on entreprenait de le forcer. M. Constance, qui, pour avoir moins d'ennemis sur les bras, souhaitait de séparer celui-ci du reste des conjurés, lui fit offrir un passe-port, au moyen duquel lui et sa troupe qui allait à cinquante-trois hommes d'équipage, pourraient sortir paisiblement du royaume, et se retirer où il trouverait bon.

Le capitaine, ravi de cette offre, ne balança pas à l'accepter. Alors M. Constance voyant qu'il pouvait en même temps, et diviser les ennemis, et me perdre sans ressource, me dépêcha un courrier avec ordre de la part du roi de tendre la chaîne, et d'empêcher la sortie de ce bâtiment. Il me déclarait que le capitaine, et tout l'équipage, était complice de la conjuration, et m'ordonnait de n'avoir aucun égard à leur passeport, qui ne leur avait été donné que pour les tromper et les affaiblir.

L'ordre portait encore que la galère étant arrivée à la chaîne, j'eusse à me transporter dans ce bâtiment, que j'y fisse un inventaire exact de tout ce que contenait sa cargaison, après quoi il m'était ordonné de me saisir, et du capitaine, et de tout l'équipage, et de le retenir prisonnier jusqu'à nouvel ordre ; et par un article à part, il m'était surtout défendu très expressément de communiquer à personne les ordres que je recevais, des raisons d'État demandant un secret inviolable sur ce point. C'est ainsi qu'il m'envoyait à la boucherie, me prescrivant pas à pas tout ce que j'avais à faire pour périr infailliblement.

J'attendis fort longtemps l'arrivée de cette galère qui ne paraissait point, je m'amusais en attendant à dresser les troupes que j'avais eu ordre de lever. Cette commission ne m'avait pas donné beaucoup de peine ; ces sortes de levées se font à Siam en très peu de temps, et avec beaucoup de facilité. Le roi étant maître absolu de tous ses sujets, les gouverneurs prennent au nom du prince qui bon leur semble, et le peuple, qui est fort docile, marche et obéit sans murmure.

Je divisai mes nouveaux soldats en compagnies de cinquante hommes, je mis à la tête de chaque compagnie un capitaine, un lieutenant, un enseigne, deux sergents, quatre caporaux et quatre anspessades[1]. Je m'appliquai avec tant de soin à les dresser,

---

1. Dans l'ancienne armée française, bas officiers d'infanterie subordonnés au caporal.

qu'à l'aide de quelques soldats portugais qui entendaient le siamois, et d'un Français que je fis sergent, ils furent en moins de six jours en état de monter et de descendre des gardes, de poser des sentinelles et de les relever, comme on fait en France.

Je l'ai déjà dit, la docilité de ce peuple est admirable, on leur fait faire tout ce qu'on veut. Ces deux mille hommes firent dans la suite l'exercice, et furent aussi bien disciplinés que les soldats aux gardes pourraient l'être.

J'attendais toujours les Macassars. Comme je n'avais point de prison où je pusse les retenir, j'en fis construire une joignant la courtine sur le devant du nouveau fort. Elle était formée avec de gros pieux ; je l'avais fortifiée de telle sorte, qu'avec une garde assez peu nombreuse, il aurait été aisé d'y retenir sûrement une cinquantaine de prisonniers.

La galère parut enfin vingt jours après que j'eus reçu l'ordre de l'arrêter, sans que pendant tout ce temps la chaîne eût cessé d'être tendue nuit et jour, crainte de surprise. Dans le plan que je m'étais formé, pour m'acquitter sûrement de ma commission, je m'étais écarté quelque peu des instructions de M. Constance : car, comme il ne me paraissait ni sûr ni convenable à ma dignité d'aller à bord, tandis que les Macassars en seraient les maîtres, je résolus de les engager à prendre terre et de commencer par les arrêter, après quoi j'irais à bord travailler selon mes ordres à l'inventaire que le ministre voulait qu'on dressât. Dans cette vue, du plus loin que je les vis paraître je postai en différents endroits quelques soldats prêts à les investir, quand je leur en ferais donner l'ordre.

La galère étant arrivée à la chaîne, et ayant trouvé le passage fermé, le capitaine vint à terre avec sept hommes de sa suite et demanda à me parler. Il fut conduit dans le vieux fort, où je l'attendais. Je le reçus dans un grand pavillon carré que j'avais fait construire avec des cannes, dans un des bastions du fort, et dont le côté qui faisait face à la gorge du bastion n'était fermé que par un grand rideau.

À mesure qu'ils entrèrent, je leur fis civilité, et les ayant fait asseoir autour d'une table, où je mangeais ordinairement avec les officiers, je demandai au capitaine d'où il venait et où il allait. Il me répondit qu'il venait de Siam et qu'il retournait à l'île des Macassars. En même temps il me présenta son passeport. Après avoir fait semblant de l'examiner, je lui dis qu'il était fort bon ; mais j'ajoutai qu'étant étranger et nouvellement au service du roi, je devais être plus attentif qu'un autre à ne manquer en rien de ce qui m'était ordonné ; qu'en conséquence de la révolte dont il avait sans doute entendu parler, j'avais reçu des ordres très rigoureux pour empêcher qu'aucun Siamois ne sortît du royaume. Le capitaine me répondit qu'il n'avait avec lui que des Macassars. Je lui répliquai que je ne doutais nullement de ce qu'il me disait, mais qu'étant environné de Siamois, qui observaient toutes mes actions, je le priais, afin que la cour n'eût rien à me reprocher, de mettre tout son monde à terre, et qu'après qu'ils auraient été reconnus pour Macassars, ils n'auraient qu'à se rembarquer, qu'on détendrait la chaîne, et qu'il leur serait libre de passer et de se retirer où ils jugeraient à propos.

Ce capitaine, sans hésiter, répondit : « Je le veux bien, mais ils descendront armés. » Alors, le regardant en riant : « Est-ce que nous sommes en guerre ? lui dis-je. – Non, me répondit-il, mais le *crit* que j'ai à mon côté, et qui est l'arme que nous portons, est tellement une marque d'honneur parmi nous que nous ne saurions le quitter sans infamie. » Cette raison me paraissant sans réplique, je m'y rendis, ne comptant pas qu'une arme qui me paraissait si méprisable fût aussi dangereuse que je l'éprouvai bientôt après.

Ce crit est une espèce de poignard, d'environ un pied de long, et large d'un pouce et demi par le bas ; il est fait en onde, la pointe en langue de serpent, d'un bon acier trempé ; il coupe comme un rasoir, et des deux côtés ; ils le ferment dans une gaine de bois, et ne le quittent jamais.

Le capitaine détacha deux de ses hommes pour aller chercher ce qui restait de ses gens. Je lui fis servir du thé, pour l'amuser en attendant qu'on vînt m'avertir quand tout le monde serait à terre, auquel temps je comptais envoyer mes ordres pour les arrêter. Comme ils tardaient trop à mon gré, je me levai, et ayant prétexté quelqu'ordre que j'avais à donner, je priai un mandarin qui était présent de tenir ma place, ajoutant que j'allais revenir dans l'instant.

Mes Siamois, attentifs à tout ce qui se passait, étaient fort en peine de savoir à quoi je destinais les troupes que j'avais postées de côté et d'autre. En sortant du pavillon, je trouvai un vieux officier portugais, brave homme que j'avais fait major, et qui était là en attendant mes ordres. « Monsieur, lui dis-je, allez avertir tels et tels de se tenir prêts, et, dès que les Macassars auront passé un tel endroit, que je lui désignai, vous commencerez par les investir, vous les désarmerez, et ensuite vous les arrêterez jusqu'à ce que je vous envoie dire ce qu'il y aura à faire. »

Le Portugais, effrayé de ce qu'il venait d'entendre : « Monsieur, me dit-il, je vous demande pardon, mais ce que vous proposez n'est pas faisable. Vous ne connaissez pas cette nation comme moi. Je suis enfant des Indes, croyez-moi, ces sortes d'hommes sont imprenables, et il faut les tuer pour s'en rendre maître. Je vous dis bien plus, c'est que si vous faites mine de vouloir arrêter ce capitaine qui est dans le pavillon, lui et ce peu d'hommes qui l'accompagne nous tueront tous, sans qu'il en échappe un seul. »

Je ne fis pas tout le cas que je devais de l'avis que ce Portugais me donnait, et persistant dans mon projet, dont l'exécution me paraissait assez facile : « Allez, lui repartis-je ; portez mes ordres tels que vous les avez reçus, je suis persuadé qu'avant que de se faire tuer, ils y penseront plus d'une fois. » Le major s'en alla fort triste, et me continuant ses bons avis, me dit en partant : « Mon Dieu, Monsieur, prenez bien garde à ce que vous faites, ils vous tueront infailliblement, croyez ce que j'ai l'honneur de vous dire, c'est pour votre bien. »

Le zèle de cet officier me fit entrer en considération. Pour ne rien hasarder, je fis monter vingt soldats siamois dans la gorge du bastion, dix desquels étaient armés de lances, et dix autres de fusils ; je fis tirer le rideau du pavillon, et m'étant avancé vers l'entrée, j'ordonnai à un mandarin d'aller de ma part dire au capitaine que j'étais bien mortifié de l'ordre que j'avais de l'arrêter, mais qu'il recevrait de moi toute sorte de bons traitements.

Ce pauvre mandarin qui me servait d'interprète obéit. Au premier mot qu'il prononça, ces six Macassars, ayant jeté leurs bonnets à terre, mirent le crit à la main, et s'élançant comme des démons, tuèrent dans un instant, et l'interprète et six autres mandarins qui étaient dans le pavillon. Voyant ce carnage, je me retirai vers mes soldats qui étaient armés, je sautai sur la lance d'un d'entre eux, et je criai aux autres de tirer.

Un de ces six enragés vint sur moi, le crit à la main ; je lui plongeai ma lance dans l'estomac : le Macassar, comme s'il eût été insensible, venait toujours en avant, à travers le fer que je lui tenais enfoncé dans le corps, et faisait des efforts incroyables afin de parvenir jusques à moi pour me percer. Il l'aurait fait immanquablement si la garde qui était vers le défaut de la lame ne lui en eût ôté le moyen. Tout ce que j'eus de mieux à faire, fut de reculer, en lui tenant toujours la lance dans l'estomac, sans oser jamais redoubler le coup. Enfin je fus secouru par d'autres lanciers qui achevèrent de le tuer.

Des six Macassars il y en eut quatre de tués dans le pavillon, les deux autres, quoique blessés grièvement, se sauvèrent en sautant du bastion en bas. La hardiesse, ou plutôt la rage de ces six hommes m'ayant fait connaître que le Portugais m'avait dit vrai, et qu'ils étaient en effet imprenables, je commençai à craindre les quarante-sept autres qui étaient en marche. Dans cette fâcheuse situation, je changeai l'ordre que j'avais donné de les arrêter, et reconnaissant qu'il n'y avait pas d'autre parti à prendre, je résolus de les faire tous tuer s'il était possible. Dans cette pensée j'envoyai et j'allai moi-même de tous côtés pour faire assembler les troupes.

Cependant les Macassars, descendus à terre, marchaient vers le fort. J'envoyai ordre à un capitaine anglais, que M. Constance avait mis à la tête de quarante Portugais, d'aller leur couper chemin, de les empêcher d'avancer, et, en cas de refus de leur part, de tirer dessus, ajoutant que j'allais être à lui dans un moment, pour le soutenir avec tout ce que je pourrais ramasser de troupes. Sur la défense que l'Anglais leur fit de passer outre, ils s'arrêtèrent tout court. Pendant ce temps-là je faisais avancer mes soldats dans le meilleur ordre que je pouvais, ils étaient armés de fusils et de lances, mais il y avait peu à compter sur eux, c'étaient tout de nouvelles troupes, et nullement aguerries.

Nous nous arrêtâmes à cinquante pas des Macassars. Il y eut des pourparlers de part et d'autre. Je leur fis dire que, s'ils voulaient, il leur était libre de retourner dans leur galère. Je compris que s'ils prenaient le parti de se rembarquer, il me serait aisé de les faire tous tuer à coups de fusil ; car ils n'en avaient point pour se défendre, et ne portent jamais d'armes à feu. Ils me firent répondre qu'ils voulaient bien retourner à bord, mais qu'il fallait auparavant qu'on leur rendît leur capitaine, sans lequel ils ne se rembarqueraient jamais.

Le capitaine anglais, ennuyé de toutes ces longueurs, m'envoya dire que, puisqu'ils ne voulaient pas entendre raison, il allait dans le moment faire attacher tous ces gueux-là qui faisaient si fort les entendus, et, sans attendre ma réponse, il marcha à eux avec beaucoup d'imprudence.

Il ne se fut pas plutôt remué que les quarante-sept Macassars, qui jusqu'alors s'étaient tenus accroupis à leur manière, se levèrent tout à coup, et ayant entouré leur bras gauche d'une espèce d'écharpe dont ils ont accoutumé de se ceindre, ils en formèrent comme une targue ; ensuite, se couvrant le corps de leur bras ainsi entortillé, ils fondirent sur les Portugais, le crit à la main, et donnèrent tête baissée, avec tant de vigueur, qu'ils les enfoncèrent et les mirent en pièces presque avant que nous nous fussions aperçus qu'ils les avaient attaqués. De là, sans prendre haleine, ils poussèrent vers les troupes que je commandais. Quoique j'eusse plus de mille soldats armés de lances et de fusils, l'épouvante les prit à tel point que tout se culbuta. Les Macassars leur passèrent sur le ventre, et tuant à droite et à gauche tout ce qu'ils pouvaient joindre, ce ne fut plus qu'un carnage horrible.

Dans une déroute si générale, ils nous eurent bientôt poussés jusques au pied de la muraille du nouveau fort. Six d'entre eux, plus acharnés que les autres, poursuivirent les fuyards, entrèrent dans la fausse baie qui donne sur la rivière auprès du mur du petit fort carré, ils passèrent de l'autre côté du fort, et ils firent dans tous ces endroits un carnage épouvantable, tuant sans distinction d'âge et de sexe, femmes, enfants, et tout ce qui se présentait à eux.

Dans cet embarras, ne pouvant plus retenir le gros des troupes, je les laissai fuir, et comme je n'avais qu'une lance pour toute arme, je gagnai le bord du fossé, résolu de sauter dedans si j'étais poursuivi. Ma pensée était que ce fossé étant plein de vase, ils ne pourraient pas venir à moi avec leur vitesse ordinaire, et que j'en aurais meilleur parti.

Ils passèrent à dix pas sans m'apercevoir, ils étaient trop occupés à tuer : pas un de ces malheureux Siamois qui songeât à faire face pour se défendre, tant ils étaient effrayés. Enfin ne voyant aucun moyen de les rallier, je gagnai la porte du nouveau fort, qui n'était fermée que d'une barrière, et je montai sur un bastion d'où je fis tirer quelques coups de fusil sur les ennemis qui, se trouvant maître du champ de bataille, et n'ayant plus personne à tuer, se retirèrent sur le bord de la rivière. Après avoir conféré quelque temps entre eux, n'écoutant plus que leur désespoir, et résolus de se mettre dans la nécessité de combattre, ils regagnèrent leur galère, y mirent le feu, et, après s'être armés de targues et de lances, ils descendirent de nouveau à terre, dans le dessein de faire main basse sur tout ce qui se présenterait.

Ils commencèrent par brûler toutes les maisons des soldats qui, selon l'usage du pays, n'étaient que de cannes, et remontant sur le bord de la rivière, ils attaquèrent et tuèrent indistinctement tout ce qu'ils trouvaient sur leur passage. Tant de meurtres répandirent tellement l'alarme dans les environs, que la rivière fut bientôt couverte de gens à la nage, hommes et femmes, qui portaient leurs enfants sur le dos.

Touché de ce spectacle, et indigné de ne voir plus que des morts dans l'endroit où l'on avait combattu, je ramassai une vingtaine de soldats armés de fusils, et je m'embarquai avec eux sur un balon, pour suivre ces désespérés. Je les joignis à une lieue du fort. Je leur fis tirer dessus, et je les obligeai à s'éloigner du rivage. Ils s'avancèrent dans les terres, d'où ils entrèrent dans des bois qui étaient à côté. N'ayant pas assez de monde pour les poursuivre, et la partie n'étant pas égale, je n'osai pas entreprendre de les forcer. Ainsi je pris le parti de m'en retourner au fort.

À peine fus-je arrivé, qu'on vint m'avertir que les six Macassars qui avaient passé de l'autre côté de la fausse baie, s'étaient saisis d'un couvent de talapoins, qu'ils en avaient tué tous les moines, et avec eux un mandarin d'importance, dans le corps duquel l'un d'eux avait laissé son crit, qu'on me présenta. J'y courus avec quatre-vingts de mes soldats armés de lances, car ils ne savaient pas encore manier l'arme à feu ; je trouvai en arrivant que les Siamois, ne pouvant plus se défendre, avaient été obligés de mettre le feu au couvent.

On me dit que les Macassars s'étaient jetés à deux pas de là, dans un champ plein de grandes herbes fort épaisses, et presque de la hauteur de trois pieds, dans lesquelles ils se tenaient accroupis. J'y conduisis ma troupe, j'en formai deux rangs bien serrés, menaçant de tuer le premier qui ferait mine de fuir. Mes lanciers ne marchaient d'abord que pas à pas et à tâtons : mais peu à peu ma présence les rassura.

Le premier Macassar que nous trouvâmes se dressa sur ses pieds, comme un furieux, et élevant son crit allait se jeter sur mes gens ; je le prévins, et je lui cassai la tête d'un coup de fusil. Quatre autres furent tués successivement par nos Siamois, qui ne s'ébranlèrent point dans cette occasion, se soutenant les uns les autres, et donnant à grands coups de lance sur ces malheureux qui, combattant toujours à leur ordinaire, aimaient mieux trouver la mort en avançant, que de reculer un seul pas.

Comme je songeais à m'en retourner, je fus averti qu'il restait encore un sixième Macassar. C'était un jeune garçon, celui-là même qui ayant tué le mandarin, lui avait laissé son crit dans le corps. Nous retournâmes dans les herbes pour chercher ce dernier. J'ordonnai à mes soldats de ne le point tuer, j'étais bien aise de le prendre vif, puisqu'il était désarmé : mais ils étaient si animés, et ils firent si peu d'attention à ce que je leur dis, qu'ils le percèrent de mille coups.

Étant de retour au fort, j'assemblai tous les mandarins pour conférer avec eux sur le parti qu'il y avait à prendre. Il fut résolu qu'on ramasserait tout ce qui nous restait de troupes, et que nous poursuivrions les ennemis, dès que nous aurions des nouvelles de l'endroit où ils s'étaient retirés. Je voulus ensuite savoir le nombre des morts : je trouvai que j'avais perdu dans cette malheureuse journée, trois cent soixante-six hommes. Les Macassars n'en perdirent que dix-sept, savoir, six dans le petit fort, six au couvent des talapoins, et cinq sur le champ de bataille.

Comme je voulus entrer dans le pavillon pour me reposer un moment, car j'en avais grand besoin après les fatigues que j'avais eu à essuyer, je fus frappé d'un spectacle d'autant plus triste, que je m'y attendais moins. Outre les cadavres des Macassars et des Siamois, qu'on n'avait pas eu le temps d'enlever, je trouvai étendu sur le bord de mon lit, un jeune officier nommé Beauregard, fils d'un commissaire du roi à Brest ; il était demeuré à Siam, et je l'avais fait major de toutes les troupes siamoises. En le voyant dans cette situation, je le crus mort, et j'en eus le cœur serré de douleur.

On ne croira peut-être pas ce que je vais dire : car, en effet, il a bien plus l'air d'une fable que de toute autre chose. Je puis pourtant assurer que je n'y ajouterai rien du mien, et que je ne rapporterai que la pure vérité. M'étant approché du lit, et ayant examiné ce jeune homme de plus près, je vis qu'il respirait encore, mais il ne parlait plus, et il avait la bouche toute couverte d'écume ; je lui trouvai le ventre ouvert, toutes les entrailles et l'estomac même qui étaient sortis, pendaient en s'abattant sur les cuisses. Ne sachant comment faire pour lui donner quelque secours, car je n'avais ni remède, ni chirurgien, je me hasardai de le traiter comme je pourrais.

Pour cet effet, ayant accommodé deux aiguilles avec de la soie, je remis les entrailles à leur place, et je cousis la plaie, comme j'avais vu faire dans de semblables occasions. Je fis ensuite deux ligatures que je joignis, et après avoir battu du blanc d'œuf, que je mêlai avec de l'arack qui est une espèce d'eau-de-vie ; je m'en servis pour panser le malade, ce que je continuai pendant dix jours. Mon opération réussit parfaitement bien, et Beauregard fut guéri. À la vérité, il n'eut jamais la fièvre, ni aucun autre symptôme fâcheux. Je remarquai en lui remettant les entrailles dans le ventre, qu'elles étaient déjà sèches comme du parchemin, et mêlées avec du sang caillé ; mais tout cela n'empêcha pas la parfaite guérison qui suivit peu de jours après.

Le lendemain matin je reçus avis qu'un des six Macassars qui avait combattu dans le pavillon, n'était pas mort. Quelques soldats siamois l'avaient saisi, et de peur qu'il ne leur échappât, ils en avaient fait comme un peloton à force de le lier. Je fus le voir pour le questionner, et pour en tirer, s'il était possible, quelque éclaircissement, soit par rapport à ses camarades, soit par rapport aux mouvements qui s'étaient faits à Louvo et à Joudia. Ce démon, car la force et la patience humaine ne vont pas si loin, avait passé avec un sang-froid étonnant toute la nuit dans les boues, ayant dix-sept coups de lance dans le corps. Je lui fis quelques questions, mais il me répondit qu'il ne pouvait me satisfaire, qu'auparavant je ne l'eusse fait détacher. Il n'y avait pas à craindre qu'il échappât. J'ordonnai au sergent français que j'avais mené avec moi, de le délier. Celui-ci posa sa hallebarde contre un petit arbre, assez près du blessé, et le jugeant hors d'état de rien entreprendre, il la laissa, après l'avoir détaché, dans l'endroit où il l'avait mise d'abord.

À peine le Macassar fut en liberté, qu'il commença à allonger les jambes et à remuer les bras, comme pour les dégourdir. Je m'aperçus qu'en répondant aux questions que je lui faisais, il se tournait, et tâchant de gagner terrain, s'approchait insensiblement de la hallebarde pour s'en saisir. Je connus son dessein, et m'adressant au sergent : « Tiens-toi près de ta hallebarde, lui dis-je ; voyons jusqu'où cet enragé poussera l'audace. » Dès qu'il en fut à portée, il ne manqua pas de se jeter dessus pour la saisir en effet, mais ayant plus de courage que de force, il se laissa tomber presque mort sur le visage ; alors voyant qu'il n'y avait rien à espérer de lui, je le fis achever sur-le-champ.

J'étais si frappé de tout ce que j'avais vu faire à ces hommes qui me paraissaient si différents de tous les autres, que je souhaitai d'apprendre d'où pouvait venir à ces peuples tant de courage, ou pour mieux dire tant de férocité. Des Portugais qui demeuraient dans les Indes depuis l'enfance, et que je questionnai sur ce point, me dirent que ces peuples étaient habitants de l'île de Calebos, ou Macassar ; qu'ils étaient mahométans schismatiques et très superstitieux, que leurs prêtres leur donnaient des lettres écrites en caractères magiques qu'ils leur attachaient eux-mêmes au bras, en les assurant que tant qu'ils les porteraient sur eux, ils seraient invulnérables ; qu'un point particulier de leur créance ne contribuait pas peu à les rendre cruels et intrépides. Ce point consiste à être fortement persuadés que tous ceux qu'ils pourront tuer sur la terre, hors les mahométans, seront tout autant d'esclaves qui les serviront dans l'autre monde. Enfin ils ajoutèrent qu'on leur imprimait si fortement dès l'enfance ce qu'on appelle le point d'honneur, qui se réduit parmi eux à ne se rendre jamais, qu'il était encore hors d'exemple qu'un seul y eût contrevenu.

Pleins de ces idées, ils ne demandent ni ne donnent jamais de quartier ; dix Macassars, le crit à la main, attaqueraient cent mille hommes. Il n'y a pas lieu d'en être surpris. Des gens imbus de tels principes ne doivent rien craindre, et sont des hommes bien dangereux. Ces insulaires sont d'une taille médiocre, basanés, agiles et très vigoureux. Leur habillement consiste en une culotte fort étroite, et comme à l'anglaise, une chemisette de coton blanche ou grise, un bonnet d'étoffe bordé d'une bande de toile large d'environ trois doigts, ils vont les jambes nues, les pieds dans des babouches, et se ceignent les reins d'une écharpe, dans laquelle ils passent leur arme diabolique. Tels étaient ceux à qui j'avais à faire, et qui me tuèrent misérablement tant de monde.

Beauregard, à qui j'avais remis les entrailles, et que je continuais de panser, se trouvant un peu mieux, et commençant à parler, je voulus savoir de lui comment il avait reçu sa blessure, puisque tandis que nous étions dans le fort à batailler avec les six premiers Macassars, il était dehors.

Il me dit qu'ayant vu tomber du bastion deux hommes la tête la première, et ayant pris l'un d'eux pour le capitaine, il y était accouru pour empêcher les Siamois de le tuer ; que le Macassar s'en étant aperçu, et contrefaisant le mort, l'avait laissé approcher, jusqu'à ce qu'étant à portée, il lui avait allongé un coup de crit qui lui avait fait la blessure que j'avais vue ; que dans cette situation, ne sachant où aller et portant ses entrailles dans les mains, il avait gagné le pavillon où, ne trouvant personne pour le secourir, il était tombé de faiblesse sur mon lit, à peu près dans la situation où je le trouvai.

Je rendis compte à M. Constance de cette malheureuse aventure. Quoique sa manœuvre ne m'eût que trop manifesté sa mauvaise volonté à mon égard, je crus qu'il ne convenait pas de lui en témoigner du ressentiment. Je lui écrivis donc, comme si je ne m'étais douté de rien ; et en lui faisant un détail bien circonstancié de tout ce qui m'était arrivé, je lui donnai avis de prendre garde au reste des Macassars qui étaient retranchés dans leur camp, et de profiter de mon malheur. Ayant reçu ma relation, il fit entendre au roi tout ce qu'il voulut, et comme je m'étais sans doute trop bien conduit à son gré, il me répondit par une lettre pleine de reproches, m'accusant d'imprudence, et d'avoir été par mon peu de conduite la cause de tout ce massacre ; il finissait en me donnant ordre, non plus d'arrêter les Macassars comme la première fois mais d'en faire mourir tout autant que je pourrais.

Je n'avais pas attendu ses instructions sur ce point. Dès le lendemain de notre déroute, ayant encore assemblé tous les mandarins, je leur avais distribué des troupes avec ordre de se tenir sur les avenues, pour empêcher que les ennemis qui avaient gagné les bois ne revinssent sur le bord de la rivière y jeter de nouveau l'épouvante, car c'est ce qu'il y a de plus habité dans le pays et l'endroit où ils pouvaient faire le plus de ravage.

Quinze jours après j'appris qu'ils avaient paru à deux lieues de Bancok, j'y courus avec quatre-vingts soldats que j'embarquai dans mon balon, le pays étant encore inondé. J'arrivai fort à propos pour rassurer les peuples, j'y trouvai plus de quinze cents personnes qui fuyaient comme des moutons devant vingt-quatre ou vingt-cinq Macassars, qui étaient encore attroupés.

À mon arrivée ces furieux abandonnèrent quelques balons dont ils s'étaient saisis, et se jetèrent à la nage. Je leur fis tirer dessus ; mais ils furent bientôt hors de la portée du fusil et se retirèrent dans les bois. Je rassemblai tout ce peuple effrayé ; je lui reprochai sa lâcheté et la honte qu'il y avait à fuir devant un si petit nombre d'ennemis. Animés par mes discours, ils se rallièrent et les poursuivirent jusqu'à l'entrée du bois où, voyant qu'il était impossible de les forcer, je retournai à Bancok.

Je trouvai, en arrivant, deux de ces malheureux qui ayant été blessés n'avaient pu suivre les autres et avaient été pris par nos Siamois. Un missionnaire que j'avais auprès de moi, appelé M. Manuel, les ayant regardés comme un objet digne de son zèle, fit tant et leur parla avec tant de force, qu'ils se convertirent et moururent peu de temps après avoir reçu le baptême.

Quelques jours après, on m'en amena un troisième. Le missionnaire le prêcha beaucoup, mais inutilement. Ce misérable demanda si se faisant chrétien on lui sauverait la vie, on lui dit que non. « Puisque je dois mourir, dit-il, qu'importe de demeurer avec Dieu ou avec le diable ? » Là-dessus il eut le cou coupé. Un Siamois qui vit que je faisais emporter la tête pour l'exposer au bout d'une lance, me pria de n'en rien faire, en m'assurant que quelqu'un ne manquerait pas de l'enlever dans la nuit pour s'en servir à des sortilèges auxquels la nation est fort portée. Je me pris à rire de ce qu'il disait, et me moquant de la superstition siamoise, j'ordonnai que la tête serait mise en un lieu où elle pût être vue, et donner de la terreur aux autres.

Au bout de huit jours, quelques paysans tout effrayés vinrent m'avertir que les ennemis avaient paru sur le rivage, qu'ils y avaient pillé un jardin d'où ils avaient enlevé quelques herbes et une quantité assez considérable de fruits.

J'y allai avec environ cent soldats armés de lances et de fusils, j'y trouvai plus de deux mille Siamois qui s'étaient rendus sur le lieu. On me fit remarquer l'endroit où les Macassars avaient mangé et couché.

Lassé de me voir mener pendant si longtemps par une poignée d'ennemis, je résolus d'en voir le bout. Je partageai les deux mille hommes que j'avais en deux corps, que je postai à droite et à gauche, et je me mis avec mes cent hommes aux trousses de ces bêtes féroces. Je suivis dans l'eau la route qu'ils s'étaient ouverte à travers les herbes. Comme ils mouraient presque de faim, ne se nourrissant depuis un mois que d'herbes sauvages, je vis bien qu'il était temps de ne les plus marchander, surtout n'ayant avec moi que des hommes frais et dont je pouvais tirer quelque parti. Dans cette pensée, je leur fis doubler le pas. Après avoir marché environ une demi-lieue, nous aperçûmes les ennemis et nous nous mîmes en devoir de les joindre.

Je les serrais de fort près. Pour m'éviter, ils se jetèrent dans un bois qui était sur la gauche ; d'où ils tombèrent sur une troupe des miens qui, du plus loin qu'ils les aperçurent, firent une décharge de mousqueterie hors de la portée et se sauvèrent à toutes jambes. Cette fuite ne me fit pas prendre le change ; je joignis encore les ennemis et je mis mes soldats en bataille. Comme nous avions de l'eau jusqu'à mi-jambe, les Macassars ne pouvant venir à nous avec leur activité ordinaire, gagnèrent une petite hauteur entourée d'un fossé, où il y avait de l'eau jusqu'au cou.

Je les investis, et m'approchant jusqu'à la distance de dix à douze pas, je leur fis crier par un interprète de se rendre, les assurant que s'ils se fiaient à moi je m'engageais à leur ménager leur grâce auprès du roi de Siam. Ils se tinrent si offensés de cette proposition qu'ils nous jetèrent leur lance contre, en témoignage de leur indignation ; et se jetant un moment après eux-mêmes dans l'eau, le crit aux dents, ils se mirent à la nage pour nous venir attaquer.

Les Siamois encouragés et par mes discours et par mon exemple, firent si à propos leur décharge sur ces désespérés, qu'il n'en échappa pas un seul. Ils n'étaient plus que dix-sept, tout le reste était mort dans les bois, ou de misère, ou des blessures qu'ils avaient reçues. J'en fis dépouiller quelques-uns, je les trouvai tous secs comme des momies, n'ayant que la peau collée sur les os : ils avaient tous sur le bras gauche de ces caractères dont nous avons parlé, et avec lesquels ils se regardent comme invincibles sur la parole de leurs prêtres qui, pour quelque intérêt de peu de valeur, les séduisent misérablement tous les jours.

Telle fut la fin de cette malheureuse aventure qui, pendant un mois, me causa des fatigues incroyables, qui faillit à me coûter la vie, qui me fit périr tant de monde, et qui n'aurait jamais eu lieu sans la jalousie d'un ministre aussi méfiant que cruel.

Mais pour faire voir encore mieux combien injustes étaient les reproches qu'il me fit, lorsqu'en répondant à ma lettre il m'avait taxé d'imprudence, je rapporterai en peu de mots ce qui se passa à Siam au sujet du prince des Macassars qui, après la conspiration découverte, s'était retranché dans son camp. M. Constance, résolu de l'attaquer, avait ramassé plus de vingt mille hommes, à la tête desquels il avait mis quarante Européens, Français, Anglais et Hollandais. Avec ces troupes, il entreprit de forcer les retranchements des ennemis. Ceux-ci firent d'abord semblant de fuir ; Constance y fut trompé, et les croyant en déroute, il commanda aux Siamois de les poursuivre. Ses gens les chargèrent d'abord et les suivirent en assez bon ordre ; mais peu à peu s'étant débandés, les Macassars firent tout à coup volte-face et les chargèrent à leur tour si vigoureusement, qu'ils tuèrent d'abord dix-sept des Européens et plus de mille Siamois. M. Constance lui-même faillit à y périr et ne se sauva qu'en se jetant dans la rivière, où il se serait noyé sans le secours d'un de ses esclaves.

La quantité de corps morts que la rivière emportait, et qui passèrent devant Bancok, furent les premiers courriers qui nous annoncèrent cette défaite, après laquelle le ministre ne se trouva pas peu embarrassé. Il fit faire plusieurs propositions au prince des Macassars, qui ne voulut jamais rien entendre. Enfin n'y ayant plus d'autre parti à prendre, il se résolut à une seconde attaque, à laquelle il se prépara pendant deux mois, et dont il se tira avec plus d'honneur, ayant pris des mesures plus justes que la première fois. L'expérience qu'il avait faite lui ayant appris qu'il avait à faire à des gens dont il ne lui serait pas aisé de tirer parti s'il les attaquait à force ouverte, il s'avisa d'un stratagème qui lui réussit et auquel il fut redevable de la victoire.

Comme le pays était inondé, en sorte qu'on était obligé de marcher dans l'eau jusqu'à mi-jambe, il fit faire des claies de cannes, où l'on avait posé fort près l'un de l'autre, de gros clous à trois pointes, qui traversaient la claie, et s'élevaient par-dessus à la hauteur d'un demi-pied. Ces machines qui marchaient devant les troupes furent plongées dans l'eau, en sorte que ne paraissant plus, et les Macassars à leur ordinaire, venant tous à la fois à la charge, tête baissée, et sans voir où ils mettaient les pieds, se trouvaient pris pour la plupart, tellement que ne pouvant plus ni avancer, ni reculer, on en tua debout à coups de fusil un nombre très considérable.

Ceux qui échappèrent s'étant retranchés dans des maisons de cannes ou de bois, auxquelles on mit le feu, n'en sortirent qu'à demi brûlés, et se laissèrent assommer, sans qu'aucun demandât quartier ; aussi ne sauva-t-on la vie qu'à deux jeunes fils du prince, qui furent amenés à Louvo. On les a vus depuis en France servir dans la marine, ayant été amenés dans le royaume par le père Tachard.

V

**Aventures du chevalier de Forbin
dans son gouvernement de Bancok.**

Après cette courte digression sur la manière dont M. Constance se démêla de l'affaire des Macassars, je reviens à mes occupations à Bancok. N'ayant plus d'ennemis à combattre, je m'occupais à faire avancer les fortifications, et à dresser mes soldats. Après avoir donné quelque temps à ces emplois, je fus bien aise de faire le tour de mon gouvernement, soit pour me faire reconnaître, soit pour reconnaître moi-même l'état du pays.

Pour être reçu avec la distinction qui convenait à ma dignité, je ne manquais pas de me faire annoncer dans tous les endroits par où je devais passer. Aussitôt les mandarins, et les plus distingués du lieu, me préparaient une réception la mieux ordonnée qu'ils pouvaient. Il venaient ordinairement à ma rencontre, et après m'avoir logé dans la maison la plus apparente, ils me prêtaient hommage et obéissance, comme à celui qui représentait la personne du roi.

Il arrivait quelquefois que plusieurs d'entre eux, pour se faire valoir auprès de moi, et pour me donner à connaître qu'ils étaient dans quelque considération dans le village, se déclaraient alliés du *Baloan*. Les Baloans sont les missionnaires catholiques. Ne comprenant rien à l'alliance dont ces bonnes gens me parlaient, je voulus les faire expliquer. J'appris par ce qu'ils me dirent que quelques uns de nos missionnaires européens qui se donnaient pour être puissants à la cour, et qui abusaient de la crédulité des Siamois, gens simples et avides de faveur, ne faisaient pas difficulté, lorsqu'ils en étaient priés par ceux qui voulaient avoir leur protection, de contracter certains mariages usités dans le pays, et qui ont cela de commode qu'ils ne durent qu'autant qu'ils peuvent faire plaisir.

Cette découverte à laquelle je ne me serais jamais attendu me parut avoir quelque chose de si plaisant que je ne pus m'empêcher d'en rire de fort bon cœur. Lorsque ceux que je savais avoir donné dans ce travers venaient me faire la révérence, je ne manquais pas de m'en réjouir à leurs dépens. La plupart en témoignaient de la honte, il y en eut même un ou deux à qui il n'en fallut pas davantage pour les faire rentrer dans leur devoir ; il n'en fut pas de même d'un Portugais que je savais avoir été marié de cette sorte plus d'une fois. Étant venu me saluer : « Père, lui dis-je, je vous trouve ici avec bien des alliances » ; ma plaisanterie ne le déconcerta pas, et traitant le tout de bagatelle, il s'en tira en plaisantant lui-même à son tour.

Je dois dire pourtant en faveur de la vérité que le nombre de ceux-ci n'est pas fort considérable, et qu'à la réserve de quelques prêtres, gens sans aveu, tous les autres missionnaires, généralement parlant, soutiennent par de très grandes vertus la dignité de leur caractère, surtout les jésuites, dont la conduite n'est pas moins irréprochable dans les Indes qu'en Europe.

Et quant au petit nombre de ceux qui s'écartent de leur devoir, il n'est pas surprenant que dans des pays si éloignés, livrés à eux-mêmes, et n'étant plus éclairés par des supérieurs qui veillent sur leur conduite, ils perdent peu à peu le goût de la piété et se laissent ensuite aller à l'occasion qui ne leur manque jamais ; puisqu'en Europe, nous voyons quelquefois des prêtres et des religieux tomber dans les mêmes dérèglements, malgré tous les moyens qu'ils ont de s'en garantir.

En continuant ma route, je passai par un village auprès duquel on me dit qu'il y avait un talapoin que ses vertus rendaient célèbre dans tout le pays. Ses confrères en faisaient un si grand cas, qu'ils l'avaient fait leur supérieur, en sorte qu'il était, par rapport à sa dignité, en aussi grande considération parmi les Siamois, qu'un évêque pourrait l'être parmi nous. Je me détournai pour aller le visiter. Je trouvai en effet un vieillard respectable par son grand âge, et par un air de modestie qui se répandait sur toute sa personne.

Pour me faire honneur, il mit un bétel dans la bouche, et, après l'avoir mâché assez longtemps, il me le présenta pour le mâcher moi-même à mon tour. Je n'étais pas assez fait à la malpropreté des Siamois pour accepter la grâce qu'il me faisait. Un des mandarins qui étaient auprès de moi, me représenta que je ne devais pas refuser un honneur qui n'était dû qu'au roi et à moi : « Je vous le cède, lui répondis-je, avalez vous-même la pilule, si elle est de votre goût. » Il ne se le fit pas dire deux fois, il ouvrit la bouche, et reçut avec beaucoup de respect, des mains du talapoin, le bétel dont je n'avais pas voulu.

Je vis dans ce voyage une prodigieuse quantité de singes de différente espèce ; le pays en est tout peuplé. Ils se tiennent volontiers aux environs de la rivière, et vont ordinairement en troupe. Chaque troupe a son chef qui est beaucoup plus gros que les autres. Quand la marée est basse, ils mangent de petits poissons que l'eau a laissés sur le rivage. Lorsque deux différentes troupes se rencontrent, ils s'approchent les uns des autres, jusques à une certaine distance, où ils paraissent faire halte ; ensuite les gros *macous*, ou chefs des deux bandes, s'avancent jusqu'à trois ou quatre pas, se font des mines et des grimaces, comme s'ils s'entre-parlaient, et ensuite faisant tout à coup volte-face, ils vont rejoindre chacun la troupe dont il est chef, et prennent des routes différentes. Au retour de la marée, ils se perchent sur des arbres, où ils demeurent jusqu'à ce que le pays soit à sec.

Je prenais souvent plaisir à observer tout leur petit manège, j'en vis un jour une douzaine qui s'épluchaient au soleil. Une femelle qui était en rut, s'écarta de la troupe, et se fit suivre par un mâle ; le gros macou, qui s'en aperçut un moment après, y courut ; il ne put attraper le mâle qui se sauva à toutes jambes ; mais il ramena la femelle à qui il donna en présence des autres plus de cinquante soufflets, comme pour la châtier de son incontinence.

En passant par un village où je m'étais reposé un moment, un mandarin qui en était le chef vint tout empressé me présenter un ver d'environ neuf pouces de long, et gros à proportion : il était tout blanc, et avait assez la figure d'un de nos vers à soie, à cela près qu'il était beaucoup plus long. Ce bonhomme comptait de me présenter un morceau friand. Je ne pus m'empêcher de rire de sa simplicité, et me tournant vers un autre mandarin qui m'accompagnait, je lui demandai si ce ver était bon à manger, « Il est très excellent », me dit-il ; je lui fis donner : le mandarin le mangea tout vif avec avidité.

Je remarquai qu'il sortait de la bouche du Siamois comme de la crème, ce qui me fit croire que cet insecte ne devait pas être si mauvais. Sans l'horreur que j'avais à le voir, j'en aurais volontiers goûté. Ceux qui n'ayant jamais vu des huîtres nous les verraient manger toutes crues, en auraient du dégoût ; les huîtres sont pourtant fort bonnes : l'usage aplanit bien des choses en cette matière, et on ne doit point disputer des goûts.

La visite de mon gouvernement étant faite, je repris le chemin de Bancok. Je m'y occupai encore pendant quelque temps à dresser mes soldats, et à faire avancer les fortifications qui allaient avec assez de lenteur. Un accident qui revenait tous les jours, et auquel on ne pouvait remédier, en était en partie cause. Comme les Siamois vont toujours nu-pieds, il arrivait très souvent que mes travailleurs étaient piqués en remuant les terres par une sorte de petits serpents de couleur argentée, et de la longueur d'environ un pied.

Leur morsure est si venimeuse, qu'une heure après, celui qui en a été piqué tombe dans des convulsions, et mourrait infailliblement dans vingt-quatre heures, s'il n'était promptement secouru. Les médecins chinois ont un remède admirable contre ce mal. Ils composent une certaine pierre qu'on applique sur la morsure, et qui s'y attache d'abord; peu après les convulsions cessent, le malade reprend ses sens, et la pierre tombe d'elle-même, dès qu'elle a tiré tout le venin. La même pierre sert toujours, mais pour lui rendre sa première vertu, il faut la faire tremper pendant vingt-quatre heures dans du lait de femme.

Malgré mes occupations, je commençais à m'ennuyer à Bancok. Les bontés dont le roi m'avait honoré à Louvo, m'en avaient rendu le séjour assez supportable ; mais depuis que j'en étais parti, je me lassais peu à peu de me voir dans un pays où je vivais sans agrément, et où je ne voyais aucun jour à avancer ma fortune. Dans cette situation, je souhaitai de retourner à la cour. J'en écrivis à M. Constance, mais comme il ne voulait point de moi auprès du roi, il ne manqua pas de prétextes pour éluder ma demande.

Ce fut à peu près dans ce temps-là que je reçus à Bancok quatre des jésuites avec qui nous avions fait le voyage de Siam. Le père Tachard, ainsi que nous avons dit, était retourné en France avec les ambassadeurs. Constance avait retenu auprès de lui le père Le Comte ; les quatre autres, savoir : les pères de Fontenai, Bouvet, Gerbillon et Visdelou, ayant trouvé un embarquement, partaient pour la Chine.

Je leur fis tout l'accueil dont j'étais capable : pendant leur séjour je les entretins souvent de la dureté de M. Constance à mon égard, et je leur fis le détail de tout ce qu'il avait fait pour me perdre. Quand je leur parlai de l'affaire des Macassars, je trouvai qu'ils en savaient quelque chose en gros ; mais ils ignoraient, ou du moins n'étaient-ils informés que confusément de l'ordre qui m'avait été adressé, et de la manière dont le ministre avait souhaité que je me conduisisse.

Par tout ce qu'ils me dirent, je compris que je

parlais à des personnes à qui M. Constance était aussi connu qu'à moi-même ; mais quoique par discrétion ces pères ne jugeassent pas à propos de s'expliquer ouvertement, après être entrés dans toutes mes peines, et m'avoir consolé le mieux qu'il leur fut possible, ils me conseillèrent de repasser en France le plus tôt que je pourrais. Nous passâmes ainsi quelques jours, moi à me plaindre du ministre, et eux à me consoler ; enfin après bien des témoignages d'amitié, très sincères de part et d'autre, nous nous embrassâmes les larmes aux yeux, comptant de nous séparer pour toute la vie.

Quoique depuis quelque temps je fusse déjà assez disposé à ménager mon retour en France, les derniers entretiens que j'avais eus avec ces quatre jésuites me confirmèrent encore plus fortement dans cette pensée. J'avais continuellement dans l'esprit, et la misère d'un pays qui ne me paraissait d'aucune ressource, et les perfidies d'un ministre à qui j'avais fait tout le bien que j'avais pu, et qui, en récompense de mes bons services, non seulement m'avait éloigné de la cour, mais encore avait voulu m'empoisonner, et avait attenté sur ma vie en tant de différentes manières.

Tandis que j'étais ainsi tout occupé de la pensée de mon retour, j'eus de quoi m'y confirmer par un nouvel ordre que je reçus de la cour, et qui ne me fit que trop comprendre que la haine de Constance n'était pas encore épuisée.

Il était arrivé depuis quelque temps à la Barre un bâtiment anglais armé de quarante pièces de canon et de quatre-vingt-dix hommes d'équipage, tous Européens. M. Constance prétendait que le capitaine de ce vaisseau avait friponné autrefois au roi de Siam une partie considérable de marchandises. Sous ce beau prétexte il m'envoya ordre de me transporter dans le bâtiment anglais avec deux hommes seulement, et d'enlever ce capitaine comme coupable de crime de lèse-majesté ; ce sont les propres paroles de l'ordre que j'ai gardé, écrit en français, de la main du père Le Comte.

Je n'eus pas de peine à comprendre, comme j'ai déjà dit, que cette commission, qui ne ressemblait pas mal à celle des Macassars, n'était qu'un nouveau piège qui m'était tendu par la jalousie de M. Constance. Je résolus pourtant d'exécuter cet ordre à la lettre. Comme je me promenais en rêvant aux moyens d'en venir à bout, M. Manuel avec qui je vivais assez familièrement, me voyant l'esprit si préoccupé, me demanda à quoi je rêvais si profondément : « Tenez, lui dis-je, lisez cet ordre que je viens de recevoir. » Ce bon missionnaire ayant vu de quoi il était question : « M. Constance, me dit-il, n'y pense pas ; l'exécution de cet ordre est impossible.

– C'est pourtant sur les mesures qu'il y a à prendre pour l'exécuter, lui repartis-je, que roulaient les méditations dans lesquelles vous m'avez vu si enfoncé ; car, je vous l'avoue, je suis piqué au vif, et je veux pousser M. Constance à bout, en lui faisant voir que des projets qu'il juge impossibles dans le fond, et dont il ne me charge que parce qu'il compte que j'y périrai, sont encore au-dessous de moi. » M. Manuel, surpris de ma résolution, fit tout ce qu'il put pour m'en détourner. « Vous avez beau faire, lui dis-je, mon parti est pris, et je n'en démordrai pas quand je devrais y périr. L'exemple que les Macassars nous ont donné, il y a peu de jours, est bon à suivre ; il faut toujours avancer, et ne reculer jamais. Rassurez-vous pourtant, j'userai de précaution, et j'espère de me tirer encore heureusement de ce mauvais pas. »

À ces mots, l'ayant quitté, je me jetai brusquement dans mon balon à quatre-vingts rameurs. Pour me venger de M. Constance, j'embarquai malicieusement avec moi l'oncle de sa femme : il était métis, assez bonhomme, mais nullement guerrier. Je fus bien aise en lui faisant tenir la place d'un des deux hommes qui devaient me seconder, de lui faire courir la moitié du risque, et de le mettre au moins à portée de reconnaître par lui-même de quoi M. Constance était capable.

Pendant le trajet qu'il y avait depuis Bancok jusqu'à l'endroit de la rade où était le vaisseau, ce bon Japonais ne cessa de me demander où je prétendais le conduire. Il n'était pas encore temps de le lui faire savoir, je ne répondis à ses questions qu'en badinant. Quand je fus à la Barre, il fallut quitter le balon ; car ces sortes de bâtiments ne peuvent aller que dans la rivière. Je pris un bateau propre pour la mer, dans lequel ayant embarqué huit de mes rameurs, et ayant joint à l'oncle de Madame Constance, le gouverneur de la Barre, nous voguâmes jusque bien avant dans la rade.

Nous n'étions plus qu'à deux lieues du vaisseau anglais, lorsque mon métis me demanda encore où je le menais. Pour toute réponse je lui présentai l'ordre du roi, que je lui expliquai en portugais. Il en fut si effrayé, que n'étant plus maître de lui-même : « Que vous ai-je donc fait, monsieur, s'écriait-il, pour me mener ainsi à la boucherie ? Et quel cas, je vous prie, ce capitaine anglais fera-t-il des ordres du roi de Siam, qu'il ne craint point, et qui dans toute cette affaire ne sera certainement pas le plus fort ? – Monsieur, lui repartis-je, quand on est au service d'un roi, il faut obéir à la lettre, sans examiner les périls qui doivent être comptés pour rien. Nos biens et nos vies sont aux souverains, et ils peuvent en disposer comme il leur plaît. »

Toutes ces raisons, bien loin de persuader ce bonhomme, ne faisaient qu'augmenter sa peur, qui redoublait à mesure que nous approchions du navire. Pour rassurer ce poltron : « Voici, monsieur, lui dis-je, l'expédient que j'ai trouvé pour prendre ce capitaine, sans courir un trop grand danger, ni vous ni moi ; mon but est de l'obliger sous quelque prétexte à sortir de son bord et à passer dans le mien ; pour cela j'entrerai dans son vaisseau, vous me suivrez, il ne manquera pas de me faire beaucoup de civilités, j'y répondrai ; et de la manière dont j'ai imaginé mon dessein, je compte que j'en viendrai à bout ; tenez cependant, voilà l'ordre du roi, mettez-le dans votre poche, et gardez-le jusqu'à ce que nous en ayons besoin ; mais armez-vous de courage, et prenez un air assuré, sans quoi tout notre projet échouerait infailliblement.

– Mais si tout ce que vous imaginez ne réussit pas, me répliqua cet homme plus prudent que de raison, que ferez-vous ? – Alors, répondis-je, je me conduirai à la macassarde, je mettrai l'épée à la main, je dirai au capitaine que j'ai ordre de l'arrêter, et que s'il fait la moindre résistance, je le tuerai ; à ces mots vous sortirez l'ordre du roi, et vous crierez à tout l'équipage que s'ils résistent, Sa Majesté Siamoise les fera tous pendre. – Hé ! Monsieur, me répondit-il, nous allons mourir. – C'est notre sort, lui dis-je, mourir aujourd'hui ou demain, qu'importe, pourvu que ce soit glorieusement. »

Cependant nous abordâmes le navire ; j'y montai suivi du Japonais, qui était plus mort que vif. Le capitaine qui s'aperçut de cet abattement, me demanda ce qu'avait monsieur : « Ce n'est rien, lui dis-je, il craint la mer. » À ce mot, nous entrâmes dans la chambre de poupe, on y apporta du vin, et je fus salué d'un grand nombre de coups de canon, après bien des excuses que le capitaine me fit sur l'état dans lequel il me recevait, car je le trouvai en robe de chambre et en bonnet ; il me demanda quelles affaires m'amenaient dans son bord.

« Ce sont, lui répondis-je, des affaires très importantes. Sa Majesté Siamoise ayant eu avis que les Hollandais ont fait à Batavie un armement très considérable, dans le dessein de venir brûler tous les vaisseaux qui sont dans la rade, et ayant de plus été informée que leur flotte est déjà en mer, j'ai ordre d'assembler les capitaines des vaisseaux et des autres bâtiments pour conférer tous ensemble et pour aviser aux moyens qu'il y aura à prendre pour n'être pas pris au dépourvu. Comme M. Constance vous sait ici, il m'ordonne de m'adresser principalement à vous et de déférer à vos avis, persuadé qu'il est de votre valeur et de votre expérience. »

Ce capitaine croyant bonnement tout ce que je lui disais : « Je vais, me répondit-il, faire mettre la chaloupe en mer, j'enverrai avertir tout ce qu'il y a d'officiers aux environs, afin qu'ils se rendent ici, où nous pourrons consulter ensemble sur un point si important. – C'est fort bien avisé », lui dis-je ; ensuite, feignant de réfléchir un petit moment en moi-même : « Mais, monsieur, continuai-je, votre navire étant le plus éloigné de tous, ne serait-il pas mieux de vous mettre vous-même dans votre chaloupe ? Nous irions, vous d'un côté, moi d'un autre, rassembler tout ce qu'il y a de capitaines dans la rade. Nous les mènerions dans le navire qui est le plus près de la Barre, et le conseil étant fini, chacun regagnerait son bord sans avoir à faire tant de chemin. »

L'Anglais, qui ne se défiait en aucune sorte de ce que je lui disais, acquiesça volontiers à cette proposition. Je craignais toujours qu'il ne se ravisât. « Profitons du temps, lui dis-je, je m'aperçois que la marée commence à passer. » À ces mots, je me levai et je descendis dans mon bateau, où je m'assis. Alors affectant d'avoir oublié quelque chose d'essentiel, je criai au capitaine qui, voulant me faire honneur, se tenait sur le bord de son bâtiment pour me voir partir : « Monsieur, si vous vouliez vous donner la peine de descendre, j'aurais encore un mot important à vous communiquer. » Je commandai en même temps à un de mes rameurs de tenir l'amarre à la main, et de lâcher quand je lui ordonnerais. L'Anglais descendit bonnement, et s'étant assis auprès de moi : « Largue l'amarre », dis-je à mon matelot, à qui je parlai tout bas et en siamois, pour n'être point entendu. Ensuite, passant la main sur l'épaule du capitaine, comme pour lui parler à l'oreille plus commodément, et sans qu'on pût nous entendre : « Monsieur, lui dis-je, puisque j'ai ordre du roi de Siam de suivre votre avis préférablement à tout autre, il conviendrait que vous fussiez ici avec moi, et que nous consultassions encore quelque temps ensemble, afin de nous trouver de même avis quand nous serons assemblés. »

Comme la marée était forte, l'Anglais s'aperçut bientôt qu'on l'éloignait de son bord : « Où me menez-vous donc ainsi tout nu ? » me dit-il, et en même temps, sans attendre ma réponse, il se mit à crier à son équipage. J'ordonnai alors à mes gens de faire force de rames pour gagner pays, et déclarant au capitaine l'ordre que j'avais, je lui témoignai combien j'étais fâché d'avoir eu besoin de recourir à toutes ces ruses pour exécuter ma commission. Je le priai au reste de ne s'inquiéter de rien, l'assurant qu'il ne manquerait ni d'habit, ni de tout ce qui lui serait nécessaire pour son entretien.

Cependant la chaloupe anglaise, qui fut armée en très peu de temps, commençait à me donner la chasse ; voyant que je ne pouvais éviter d'être pris, j'allai à bord d'un petit bâtiment portugais, et prenant mon pistolet à la main : « Montez dans ce bâtiment, dis-je à mon prisonnier, si vous hésitez, c'est fait de vous, je vous tue. » Quand nous fûmes entrés, je demandai main-forte à l'officier. Ce bonhomme se mit en mouvement ; mais il n'avait que huit ou dix gueux avec lui : faible ressource contre une trentaine d'Européens qui venaient bien armés, et résolus de se bien battre.

Ne voyant pas d'autre expédient pour éviter d'être pris, je dis au capitaine : « Monsieur, criez à votre chaloupe de s'en retourner, et songez qu'il y va de votre vie à faire en sorte qu'ils vous obéissent ; s'ils approchent, vous êtes mort, et après vous avoir tué, peut-être saurai-je encore me défendre contre vos gens. » Je dis ces paroles d'un ton si ferme, que l'Anglais ne voulut pas hasarder le coup, et fit retourner son monde, qui lui obéit sur-le-champ. Quand je les vis loin, je rentrai dans mon bateau, et après avoir remercié le capitaine portugais, je repris la route de Bancok, où je n'oubliai rien de tout ce que je crus pouvoir rendre à mon Anglais sa prison plus supportable.

Je ne tardai pas à donner avis à M. Constance de ma fidélité à exécuter les ordres du roi, mais en même temps, je crus qu'il convenait de me plaindre de ces mêmes ordres. Je le fis pourtant avec circonspection, car je n'étais pas le plus fort et j'avais à faire à un ennemi dangereux. Je me contentai de lui représenter que les commissions qu'il m'adressait n'étaient pas tout à fait dignes de moi, et qu'il ne paraissait pas convenable d'envoyer à un amiral des ordres qui conviendraient mieux à des officiers d'un rang inférieur.

Je fis partir en même temps mon prisonnier pour Louvo, où il se tira d'affaire moyennant dix mille écus, dont M. Constance jugea à propos de se prévaloir. Quant à moi, le ministre nia de m'avoir envoyé l'ordre sur lequel j'avais agi, et dans la réponse qu'il me fit, me taxant une seconde fois de témérité et d'imprudence, il me défendit de la part du roi de m'éloigner de Bancok au-delà de deux lieues. Ce fut là toute la récompense que je retirai d'une expédition assez périlleuse, dans laquelle je ne m'étais engagé que pour obéir aux ordres que j'avais reçus.

Je fus si outré de ce procédé, que, ne balançant plus dès lors sur ce que j'avais à faire, je résolus de passer en France à la première occasion. Comme je n'y voyais point encore de jour, au moins pour quelque temps, je pris le parti de dissimuler mon chagrin et d'attendre en patience le moment de me retirer. Pour tromper mon ennui dans cette espèce d'exil, car, depuis ma dernière lettre du ministre, je me regardais comme exilé, je m'amusais de temps en temps à prendre des crocodiles.

On en voit bon nombre aux environs de Bancok. Les Siamois les prennent en deux manières ; ils se servent pour la première d'un canard en vie, sous le ventre duquel ils attachent une pièce de bois de la longueur d'environ dix pouces, grosse à proportion, et pointue par les deux bouts. À cette pièce de bois ils lient une corde fine, mais très forte, à laquelle sont attachés des morceaux de bambou, espèce de bois fort léger, dont ils se servent en guise de liège. Ils mettent ensuite au milieu de la rivière le canard, qui, fatigué par la pièce de bois, crie et se débat pour se dégager. Le crocodile, qui l'aperçoit, se plonge dans l'eau, vient le prendre par-dessous, et se prend lui-même au morceau de bois qui s'arrête en travers dans son gosier.

Dès qu'on s'aperçoit qu'il est pris, ce qu'on reconnaît au tiraillement qu'il fait et à l'agitation du bambou, on fait le signal et l'on amène l'animal à fleur d'eau, malgré les efforts qu'il fait pour se débarrasser. Quand il paraît, les pêcheurs lui lancent des harpons : ce sont des espèces de dards, dont le fer ressemble au bout d'une flèche ; ils sont emmanchés d'un bâton long d'environ cinq pieds. À ce fer qui est percé dans l'emboîture, est attachée une corde très fine entortillée autour du bâton qui se détache du fer, et qui, en flottant sur l'eau, indique l'endroit où est l'animal. Quand il a sur le corps une assez grande quantité de harpons, on le tire à terre, où on achève de le tuer à coups de hache.

Il y a une seconde manière de les prendre : ces animaux viennent quelquefois jusques assez près des maisons ; comme ils sont fort peureux, on tâche de les épouvanter en faisant du bruit, ou avec la voix, ou en tirant des coups de fusil. Le crocodile effrayé s'enfuit et se sauve au fond de l'eau. D'abord, la rivière est couverte de balons, qui attendent de le voir paraître pour respirer, car il ne saurait rester plus d'une demi-heure sans prendre haleine. À mesure qu'il sort, il paraît ouvrant une grande gueule ; alors on lui lance de toutes parts des harpons : s'il en reçoit quelqu'un dans la gueule, à quoi les Siamois sont fort adroits, il est pris.

Le manche du harpon qui flotte attaché à une corde, sert de signal ; celui qui tient la corde connaît quand l'animal quitte le fond, il en avertit les pêcheurs qui ne manquent pas, dès qu'il reparaît, de lancer encore de nouveaux harpons, et lorsqu'il en a reçu suffisamment pour être amené à terre, on le tire et on le met en pièces. Cette seconde façon de pêcher est plus amusante que la première.

La chair de crocodile est blanchâtre, et ressemble assez à celle du chien marin. J'en ai goûté, elle n'est pas mauvaise. Le crocodile est affreux à voir ; il s'en trouve dans la rivière qui ont depuis douze jusqu'à vingt pieds de longueur ; ses mâchoires sont fort pâles, il a de chaque côté deux grosses dents, une en haut et une en bas, qui sortent comme les défenses d'un sanglier, ce qui fait que quand il a mordu quelque chose, il n'est plus possible de la lui arracher.

Un jour que je revenais de la pêche au crocodile, je fus tout surpris en entrant chez moi d'y revoir les quatre jésuites qui étaient partis peu auparavant pour la Chine. Ces pères étaient dans un état à faire pitié. Ils avaient fait naufrage sur les côtes de Camboye et de Siam, et avaient souffert au-delà de tout ce qu'on peut dire, s'étant trouvés dans la nécessité de passer par des pays presque inaccessibles qu'ils avaient traversés à pied. Je les embrassai avec bien de la joie, et je n'oubliai rien de tout ce qui dépendait de moi pour les dédommager des contre-temps qu'ils avaient eu à essuyer.

Comme j'avais sur le cœur tous les mauvais procédés de M. Constance, je leur montrai l'ordre que j'avais reçu au sujet du capitaine anglais, et la réponse du ministre à la lettre que je lui avais écrite après cette expédition. Quelque discrets qu'ils fussent, ils ne purent retenir leur indignation, et me parlant plus ouvertement que la première fois, ils me conseillèrent sans détour de me retirer le plus tôt que je pourrais.

Ils me représentèrent que le ministre qui avait pris ombrage de ma faveur, et qui ne souhaitait rien tant que ma perte, reviendrait si souvent à la charge, et prendrait à la fin ses mesures si à propos, que je ne lui échapperais plus ; que, puisque le Seigneur m'avait conservé jusqu'alors, c'était à moi à ne heurter pas sa providence, mais au contraire à céder en m'éloignant d'un pays où ma vie était dans des périls continuels. Ces pères me dirent sur ce sujet tout ce qu'on peut imaginer de plus obligeant. Je les retins aussi longtemps que je pus, mais après deux jours ils voulurent retourner à Joudia, pour y attendre une nouvelle occasion de se rembarquer pour la Chine.

Quant à moi, ne voulant pas renvoyer mon départ plus loin, je résolus de profiter du retour d'un vaisseau de la compagnie d'Orient qui était venu mouiller à la Barre quelques jours auparavant. Ce bâtiment venait de Ponticheri[1] apporter des marchandises, et en prendre ; c'est le commerce ordinaire que cette compagnie fait tous les ans d'Indes en Indes.

Après les emplois que j'avais remplis à Siam et la manière obligeante dont le roi m'avait traité, il ne me convenait pas de partir en déserteur ; j'écrivis donc à M. Constance pour le prier de me ménager mon congé auprès du roi : j'apportai pour raison que ma santé, qui s'affaiblissait tous les jours, ne me permettait pas de demeurer plus longtemps dans le royaume, et je m'offris d'aller moi-même à la cour demander la permission de me retirer, s'il jugeait que cette démarche pût me la faire obtenir. Il n'eut garde d'y consentir, et comme il ne craignait plus tant mon retour en France, il me répondit que l'intention du roi n'étant pas de me forcer, il m'était libre de me retirer où il me plairait.

Avant que de quitter Bancok, j'écrivis à un jeune mandarin de mes amis, nommé Prepi. Il m'aimait beaucoup en reconnaissance du service que je lui avais rendu en lui sauvant la bastonnade : car, quoiqu'il fût favori du roi, et que ce prince l'aimât plus qu'aucun autre jeune homme de la cour, il n'aurait pas évité ce châtiment si je ne m'en étais mêlé. Je lui mandais qu'en prenant congé de lui, sur le point de retourner en France, je le priais de me

---

1. Pondichéry. Les Français s'y étaient établis en 1612.

conserver toujours quelque part dans son amitié, de continuer à aimer les Français, les missionnaires, les pères jésuites, et à protéger, comme il avait toujours fait, les uns et les autres.

Prepi, touché de mon départ, en parla au roi, qui, ignorant tout ce qui se passait, parut surpris de cette nouvelle. Il demanda à son ministre les raisons qui m'obligeaient à me retirer, et lui ordonna de me faire venir à la cour pour apprendre par lui-même quels sujets de mécontentement je pouvais avoir. Je fus informé de tout ce détail par la réponse de Prepi. Sur cet ordre, Constance se trouva fort embarrassé ; il ne voulait pas absolument que je parusse à la cour : cependant l'ordre était précis. Pour se tirer d'intrigue, il ordonna à un officier portugais, qui était tout à sa dévotion, de venir, sous prétexte de me faire honneur, à bord du vaisseau français, et de me mener ainsi à la cour de la part du roi.

Le piège était trop grossier pour m'y laisser prendre ; je n'ignorais pas que le roi de Siam ne se sert jamais, pour porter ses ordres, que des soldats de sa garde. M. de Métellopolis, M. Manuel et le facteur de la compagnie qui étaient présents lorsque le Portugais me parla, n'hésitèrent pas à me dire de m'en défier.

M. l'évêque surtout me tirant à part : « Gardez-vous bien, me dit-il, de vous mettre entre les mains de ces Portugais ; je connais M. Constance, n'en doutez pas, ces gens-ci ont ordre de vous assassiner en chemin, après quoi le ministre en sera quitte pour les faire pendre, afin qu'ils ne puissent pas l'accuser. Il dira ensuite au roi qu'il les a fait mourir pour venger la mort du chevalier de Forbin ; et ce prince qui ne voit que par les yeux de son ministre, prendra tout cela pour argent comptant. Croyez-moi, tirez-vous des mains d'un ennemi si artificieux et si méchant, puisque vous êtes assez heureux pour en avoir le moyen. »

Je le remerciai comme je devais de ses bons avis, et m'adressant à l'officier, je lui dis que je ne reconnaissais nullement l'ordre qu'il était venu me signifier, que Sa Majesté m'ayant permis de me retirer, il n'y avait aucune apparence qu'elle eût sitôt changé de résolution, ni qu'elle voulût me retenir plus longtemps dans ses États, malgré les bonnes raisons que j'avais eu l'honneur de lui alléguer ; qu'il pouvait partir quand il jugerait à propos, et porter ma réponse à M. Constance.

Je ne parlai si haut, que parce que, n'ayant pas à demeurer longtemps à Siam, je n'avais plus rien à craindre de la haine du ministre. En effet, dès le lendemain nous mîmes à la voile. Je m'estimai si heureux de quitter ce maudit pays, que j'oubliai dans ce moment tout ce que j'avais eu à souffrir.

VI

Retour en France.

En passant par le détroit de Malacca, les vents contraires nous obligèrent d'y mouiller. Nous descendîmes à terre, où nous trouvâmes des huîtres excellentes, que nous étions obligés de manger sur le rocher même, où elles sont attachées si fortement qu'il n'est pas possible de les en tirer.

Dans le séjour que nous fîmes sur ces côtes, j'entrai assez avant dans le pays, où, ayant trouvé des repaires de bêtes fauves, j'avançai encore quelques pas, pour voir s'il n'y aurait pas moyen de tirer à quelque pièce de gibier. Dans le temps que je regardais de côté et d'autre, je vis un singe monstrueux qui venait à moi ; il s'avançait les yeux étincelants, et avec un air d'assurance, à me faire craindre, si je n'avais pas été armé. J'allai à lui, et quand nous fûmes à dix pas l'un de l'autre, je lui tirai un coup de fusil qui l'étendit roide mort.

Cet animal était affreux, sa queue était longue comme celle d'un lion ; il avait plus de deux pieds et demi de hauteur, huit pieds du bout de la queue à la tête, et sa face longue et grosse était semée de bourgeons, comme celle d'un ivrogne. Ceux du pays m'assurèrent que j'avais été bien heureux de le tuer, cet animal étant capable de m'étrangler si j'eusse

115

manqué mon coup. J'allai chercher nos matelots pour l'emporter ; ils avouèrent qu'ils n'avaient jamais vu de singe si gros dans toutes les Indes.

Du détroit de Malacca, nous passâmes par les îles de Nicobar, qui sont habitées par des peuples tout à fait sauvages ; ils vont entièrement nus, hommes et femmes, et ne vivent que de poisson et de quelques fruits qu'ils trouvent dans les bois ; car leurs îles ne produisent ni riz, ni légume, ni d'autre sorte de grain dont ils puissent se nourrir. À trente lieues de ces îles, est celle d'Andaman, que nous aperçûmes de loin ; ceux qui l'habitent sont anthropophages, et les plus cruels qu'il y ait dans toutes les Indes.

Nous arrivâmes enfin à Ponticheri. C'est un des plus célèbres comptoirs de la compagnie d'Orient : il y a un directeur général, et plusieurs commis ; c'est un entrepôt où l'on transporte des Indes, des toiles de coton, des mousselines, et des indiennes de toutes les espèces. Les vaisseaux de cette compagnie viennent de France toutes les années pour acheter ces toiles, et les portent au Port Louis.

M. Martin, pour lors directeur de ce comptoir, m'accueillit le plus gracieusement du monde, et ne cessa de me combler de politesse pendant tout le temps que je séjournai dans le pays. Il ne fut pas en mon pouvoir d'en partir aussitôt que je souhaitais ; il me fallut attendre assez longtemps les vaisseaux d'Europe, qui cette année arrivèrent un peu plus tard que de coutume. Mon occupation ordinaire, pendant ce séjour, était la chasse. Il y a dans ce pays des espèces de renards qu'on nomme chiens marrons ; j'en prenais presque tous les jours avec des lévriers que j'avais dressés, et qui furent d'abord faits à cette manière de chasser, qui est très amusante.

Il m'y arriva une aventure où je faillis à périr. Le commis d'un vaisseau de la compagnie de France, arrivé depuis peu, me pria de le mener avec moi : après avoir chassé quelques heures, mes lévriers firent lever un de ces renards, qui se voyant pressé, se sauva dans un terrier. Pour l'obliger à en sortir, je me mis en devoir de l'enfumer : je ramassai de la paille de riz, j'en remplis le trou, et j'y mis le feu. Comme j'étais baissé pour souffler, il en sortit tout à coup un animal, qui, s'élançant sur moi, me renversa en me couvrant de paille, de feu et de fumée, me passa sur le visage, et fut se jeter dans une rivière qui n'était qu'à deux pas. Tout cela se fit si vite, que l'animal s'était plongé dans l'eau avant que je fusse en état de me relever. Le commis me dit qu'il ne doutait point que ce ne fût un crocodile, ou un caïman. Quoi qu'il en soit, j'eus grand peur, et je m'estimai bien heureux d'en être quitte à si bon marché.

Les habitants de Ponticheri sont fort noirs sans être Cafres ; ils ont les traits du visage bien faits, le regard doux, les yeux vifs et fort beaux. Ils laissent croître leurs cheveux qui s'abattent jusqu'à la ceinture. Leur nation est divisée par castes, ou races. Les bramins, qui sont les prêtres du pays, sont en plus grande vénération que tous les autres ; ensuite viennent les bergers. Ces peuples observent sur toute chose de ne s'allier qu'avec leurs égaux ; en sorte qu'un berger ne saurait prétendre à l'alliance d'un bramin. Que s'il arrive que quelqu'un d'une caste distinguée épouse une femme qui soit d'un rang inférieur, il déchoit et n'a d'autre rang que celui de la famille à qui il s'est allié. Il n'en est pas de même des femmes qui en se mésalliant ne perdent rien de leur condition. Parmi ces castes, la plus méprisable est celle des cordonniers, excepté celle qu'on appelle des parias, qu'on regarde avec horreur parce qu'ils ne font pas difficulté de se nourrir de la chair de toute sorte d'animaux.

Ces peuples, qui sont idolâtres, ont, à une lieue de Ponticheri, un fameux temple où ils se rendent toutes les années, à un certain jour marqué, pour y célébrer une fête à l'honneur de leurs principales divinités. On y accourt en foule de tous les environs ; j'y allai par curiosité. Après mille cérémonies dont on me fit le récit, car je ne pus pas entrer dans le temple, ils sortirent le dieu et la déesse, à l'honneur desquels ils étaient assemblés. Ces idoles sont de figure gigantesque et fort bien dorées ; ils les mirent sur un char à quatre roues, et les placèrent en face l'une de l'autre. La déesse sur le devant du char paraissait dans une posture lascive, et l'attitude du dieu n'était guère plus honnête.

Ce char était tiré avec des cordes par deux ou trois cents hommes. Tout le reste du peuple, qui était innombrable, se jetait ventre à terre et poussait des cris de joie dont toute la campagne retentissait. Il y en avait d'assez simples pour se jeter sous les roues du char, s'estimant heureux d'être écrasés en témoignage du respect qu'ils avaient pour leur dieu.

Cette cérémonie étant faite, je vis des hommes et des femmes qui se roulaient à terre, et continuaient cet exercice en tournant tout autour du temple ; je demandai pour quel sujet ils se meurtrissaient ainsi tout le corps, car ils étaient nus, à la réserve d'un linge dont ils étaient couverts depuis la ceinture jusqu'à demi-cuisse ; on me répondit que n'ayant point d'enfants, ils espéraient par cette sorte de pénitence, de fléchir leurs dieux, qui ne manqueraient pas de leur en donner. C'est là tout ce que je rapporterai de cette fête, n'ayant pu entrer, comme j'ai dit, dans le temple, où les seuls idolâtres sont admis.

J'y retournai pourtant deux jours après, car j'étais curieux de le voir ; je me présentai à la porte avec sept autres Français qui souhaitaient aussi d'y entrer. Le chef des bramins nous en refusa l'entrée, sous prétexte qu'il ne lui était pas permis de le profaner en y introduisant des chrétiens. Sur ce refus, sans me mettre en peine de lui répondre, je m'approchai de lui, je lui arrachai un poignard qu'il avait à la ceinture, et je lui en présentai la pointe en le menaçant de le tuer : il ne lui fallut pas dire de fuir. Alors nous entrâmes. Nous ne trouvâmes dans cet édifice, qui était fort vaste, qu'un grand nombre d'idoles de différentes grandeurs, et toutes en posture déshonnête.

Tandis que nous nous amusions à les regarder, le bramin offensé de l'affront qu'il avait reçu, alla crier l'alarme aux environs, et vint à nous à la tête de plus de trois cents hommes. Mais ce peuple, qui est absolument sans courage, fut si effrayé en nous voyant avec des armes à feu, qu'il n'y en eut pas un seul qui eût la hardiesse d'approcher.

À peu près dans ce temps-là, un vaisseau de la compagnie des Indes étant prêt à faire voile pour Massulipatan[1], ville fameuse par son commerce, et

---

1. Masulipatnam, également appelée Bandar, port de l'Inde dans l'Andhra Pradesh.

les vaisseaux de France ne devant point encore arriver, je résolus de m'embarquer dans le dessein de passer de cette ville jusqu'à celle de Goulgonda[1] qui n'en est éloignée que de trente lieues. Le grand Mogol assiégeait pour lors cette place ; j'étais bien aise de voir comment ces peuples font la guerre, et la manière dont ils s'y prennent pour former des sièges et des attaques ; mais il ne fut pas à mon pouvoir d'exécuter ce projet, comme on verra par ce que je vais dire.

Lorsque nous partîmes, nous étions dans la saison du vent d'ouest, c'est-à-dire dans la saison la plus favorable de l'année ; la route se fit fort heureusement, et en peu de jours. Nous n'étions plus qu'à huit lieues de Massulipatan, lorsque nous vîmes venir du côté de terre un nuage noir et épais, que nous crûmes tous être un orage. Nous serrâmes d'abord toutes les voiles, crainte d'accident. Le nuage arriva enfin à bord avec très peu de vent, mais suivi d'une prodigieuse quantité de grosses mouches semblables à celles qu'on voit en France, qui mettent des vers à la viande. Elles avaient toutes le cul violet. L'équipage fut si incommodé de ces insectes, qu'il n'y eut personne qui ne fût obligé de se cacher pour quelques moments. La mer en était toute couverte, et nous en eûmes une si grande quantité dans le vaisseau, que pour le nettoyer, il fallut jeter plus de cinq cents boyaux d'eau.

Environ à quatre lieues de la ville, nous aperçûmes comme un brouillard qui la couvrait tout entière.

---

1. Golconde ou Golkonda, ancienne cité de l'Inde, dans le Dekan, réputée en Occident à partir du XVIIe siècle pour sa richesse légendaire.

À mesure que nous avancions, ce brouillard s'étendait, et peu après nous ne vîmes plus que la pointe des montagnes qui servaient à guider les pilotes. En approchant de terre, nous vîmes que ce nuage n'était autre chose qu'une multitude innombrable de mouches toutes différentes des premières. Celles-ci avaient quatre ailes et ressemblaient à celles qu'on voit le long des eaux, et qui ont la queue barrée de jaune et de noir.

Plus nous avancions, et plus ces insectes se multipliaient ; il y en avait une si grande quantité, que nous empêchant de voir la terre, nous fûmes obligés d'en approcher en sondant. Quand nous fûmes avancés à un certain nombre de brasses, le pilote fit démouiller l'ancre. Un commis de la compagnie, nommé le sieur Delande, qui avait ordre de visiter le comptoir, s'embarqua dans la chaloupe ; nous le suivîmes, le capitaine et moi. La quantité de ces mouches était si grande, que nous fûmes obligés d'embarquer une boussole pour ne pas manquer la terre qu'elles nous cachaient entièrement. Nous abordâmes enfin.

Ne trouvant personne dans le port, ceux du vaisseau qui connaissaient la ville nous servirent de guides, et nous menèrent à la douane. Personne ne parut dans le bureau, qui était tout ouvert ; nous entrâmes pourtant, et nous en parcourûmes toutes les pièces, sans trouver qui que ce soit. Surpris de cette nouveauté, nous marchâmes du côté où était le comptoir de la compagnie d'Orient, nous traversâmes plusieurs rues sans voir personne. Cette solitude, qui régnait par toute la ville, jointe à une puanteur insupportable, nous fit bientôt comprendre de quoi il était question.

Après avoir beaucoup marché, nous arrivâmes devant la maison de la compagnie. Les portes en étaient ouvertes, nous y trouvâmes le directeur, mort apparemment depuis peu, car il était encore tout entier. La maison avait été pillée, et tout y paraissait en désordre. Frappé d'un spectacle si affreux, je revins dans la rue, et m'adressant au sieur Delande : « Retournons à bord, lui dis-je, il n'y a rien de bon à gagner ici. » Il me répondit que sa commission l'obligeait d'aller plus avant ; qu'ayant à rendre compte de son voyage, il ne pouvait retourner à bord sans avoir au moins parlé à quelqu'un qui pût l'instruire plus précisément des causes de tout ce désordre.

Nous continuâmes donc à marcher, et nous nous rendîmes au comptoir des Anglais ; nous le trouvâmes fermé ; nous eûmes beau frapper, personne ne répondit. De là nous passâmes à celui des Hollandais : de quatre-vingts personnes qui le composaient, il n'en restait plus que quatorze ; c'étaient plutôt des spectres que des hommes. Ils nous dirent que la peste avait mis la ville dans l'état où nous l'avions trouvée ; que la plupart des habitants étaient morts, et que le reste s'était retiré dans les campagnes ; qu'ils ne pouvaient nous donner aucun éclaircissement sur la maison des Français, dont ils n'avaient appris aucune nouvelle ; que les Anglais avaient abandonné la leur, après avoir perdu la meilleure partie de leurs gens, et que pour eux, ayant des trésors immenses dans leur maison, il leur était défendu, sous peine de la vie, d'en sortir, sans quoi ils ne seraient pas restés.

Dans la situation où était cette malheureuse ville, il n'y avait pas apparence d'y trouver un bâtiment pour me conduire à Goulgonda. Il fallut se passer d'en voir le siège ; nous retournâmes à bord annoncer ce que nous avions vu et ce qu'on nous avait dit. Sur-le-champ nous remîmes à la voile, et sans faire un plus long séjour, nous fîmes route pour le port de Mergui[1], qui appartient au roi de Siam. Ce ne fut qu'avec peine que je me résolus de retourner dans un pays d'où il ne m'avait pas été facile de me tirer. Mais comme ce port est éloigné de la cour de plus de cent lieues, et que d'ailleurs j'étais dans un vaisseau français, je crus que j'y serais en sûreté contre la mauvaise volonté de M. Constance.

Le troisième jour de la partance de Massulipatan, quelques matelots de la chaloupe, qui étaient descendus à terre, tombèrent malades. La cause de leur maladie ne pouvait être incertaine. Le chirurgien, leur trouvant la fièvre, les saigna. Le lendemain, je fus moi-même attaqué de la fièvre ; je refusai de me laisser saigner. Tous les autres matelots, qui étaient venus dans la chaloupe, tombèrent aussi malades ; ils furent saignés comme les premiers, et les uns et les autres moururent peu de jours après.

Cependant ma fièvre continuait ; elle était accompagnée d'une sueur si abondante, et qui dans peu me mit si bas que je pouvais à peine parler. La violence du mal m'avait affaibli la vue au point de ne pouvoir plus distinguer les objets qu'imparfaitement. Pour comble de malheur, les provisions commençaient à manquer, et il n'y avait plus dans le vaisseau de quoi faire du bouillon ; car nous n'avions pu

---

1. Dans l'archipel de la côte occidentale de Birmanie.

prendre que très peu de vivres à Ponticheri, où la disette, qui était fort grande, réduisait la ville à une espèce de famine.

Je ne me trouvai jamais dans une plus fâcheuse conjoncture. Ne sachant à quoi me déterminer, je m'avisai de dire à un petit esclave siamois, qui n'avait jamais voulu me quitter, de m'apporter un peu de vin de Perse, dont j'avais bonne provision ; j'en bus environ un demi-verre, et je m'endormis profondément. Quelques heures après, je m'éveillai tout en sueur. Il me parut que ma vue s'était un peu fortifiée. Je revins à mon remède, dont je doublai la dose ; je me rendormis une seconde fois, et je me réveillai encore trempé de sueur, mais beaucoup plus fortifié. Comme le remède opérait, j'en pris pour la troisième fois, y ajoutant un morceau de biscuit, que je mangeai après l'avoir trempé dans le vin. Je continuai de même pendant quelques jours, après lesquels ma fièvre continue se changea en double tierce.

M. Delande et le capitaine, qui furent attaqués du même mal, profitant de mon exemple, refusèrent la saignée et ne voulurent d'autre remède que le mien : leur mal diminua peu à peu, et il échappèrent comme moi. Enfin nous arrivâmes à Mergui, où, à l'aide des rafraîchissements, dont nous ne manquâmes plus, nous fûmes sur pied en peu de jours. De dix-sept qui nous étions embarqués dans la chaloupe et qui descendîmes à terre, quatorze, qui avaient été saignés, moururent, sans qu'il en échappât un seul. Selon toutes les apparences, M. Delande, le capitaine et moi, nous ne nous en tirâmes que pour n'avoir pas voulu de la saignée : tant il est vrai qu'elle est mortelle dans ces sortes de fièvres pestilentielles.

Peu de jours après notre arrivée à Mergui, M. Céberet y arriva suivi d'un grand cortège de mandarins ; il revenait de Louvo. La Loubère et lui y avaient été envoyés de France pour traiter du commerce et pour régler toutes choses avec Constance. Car la négociation dont le père Tachard s'était chargé avait réussi. Ce père, trompé par Constance comme nous avons déjà dit, et comptant de bonne foi de servir et la religion et l'État, n'avait rien oublié pour porter la cour à entrer dans les vues, et à profiter de la bonne volonté du ministre de Siam, et, sur la parole de ce jésuite, la cour avait donné dans ce projet d'alliance, et avait envoyé des troupes commandées par le chevalier Desfarges, à qui on avait remis la forteresse de Bancok, suivant ce qui avait été convenu.

Le mandarin qui avait été envoyé ambassadeur en France était du nombre de ceux qui accompagnaient M. Céberet ; dès qu'il m'aperçut, il courut à moi, tout plein de la magnificence du royaume ; il me dit que j'avais grand sujet de vouloir retourner dans mon pays ; qu'il y avait vu toute ma famille et un grand nombre de mes amis, avec qui il avait souvent parlé de moi, et ensuite, me faisant de grands éloges de la cour et de tout ce qui l'avait le plus frappé, il ajouta en mauvais français : *La France grand bon, Siam petit bon.*

M. Céberet, qui s'était rendu par terre de Louvo à Mergui, renvoya tous les mandarins après avoir fait à chacun des présents considérables. Il s'embarqua ensuite avec nous sur le vaisseau de la compagnie, et nous fîmes route pour Ponticheri. Sur ce que nous lui demandâmes des nouvelles de sa négociation avec

M. Constance, il déclara publiquement qu'il n'était point satisfait de lui, et que ce ministre avait trompé la cour, à qui il avait promis des choses frivoles, et qui n'avaient pas la moindre apparence de réalité.

Nous fûmes pendant toute la route, M. Céberet et moi, dans une grande liaison ; nos entretiens ordinaires roulaient sur le royaume de Siam et sur les manières de ces peuples. Il était si frappé de les avoir vus si pauvres, et de la misère du royaume, qu'il ne comprenait pas comment on avait eu la hardiesse d'en faire des relations si magnifiques.

« Ce que vous en avez vu, lui dis-je un jour, est pourtant ce qu'il y a de plus beau. Tout ce royaume, qui est fort grand, n'est guère qu'un vaste désert. À mesure qu'on avance dans les terres, on n'y trouve plus que des forêts et des bêtes sauvages. Tout le peuple habite sur le bord de la rivière ; il s'y tient préférablement à tout autre endroit, parce que les terres, qui y sont inondées six mois de l'an, y produisent presque sans culture, une grande quantité de riz, qui ne peut venir et multiplier que dans l'eau. Ce riz fait toute la richesse du pays. Ainsi, en remontant depuis la Barre jusqu'à Louvo, vous avez vu, et par rapport aux peuples, et par rapport à leurs villes, et par rapport aux denrées qu'ils recueillent, tout ce qui peut mériter quelque attention dans ce royaume. »

Une autre fois, comme nous parlons encore de ce pays, il témoigna souhaiter quelques éclaircissements sur la manière dont le roi se gouverne dans son palais. « Pour cet article, lui répondis-je, il n'est pas aisé de vous satisfaire. Ceux du dehors, quelque distingués qu'ils puissent être, n'entrent jamais dans cette partie du palais que le roi habite, et ceux qui y sont une fois entrés, n'en sortent plus. Tout ce qu'on en sait de plus particulier, c'est que tout s'y traite dans un grand secret. Non seulement chacun y a son emploi marqué, mais encore chacun a son quartier séparé, hors duquel il ne lui est jamais permis de sortir. Ceux qui servent dans les chambres qui sont les plus près de la porte, ne savent et ne connaissent du palais que ce qui se passe dans cet endroit. Les chambres attenantes ont de nouveaux officiers qui ne sont pas plus instruits que les premiers, et ainsi successivement jusqu'à l'appartement du roi, qui passe presque toute sa vie enfermé, faisant consister une partie principale de sa grandeur à ne se montrer que très rarement. Quand il a à parler à ses ministres, à ceux même qui sont le plus en faveur, il se montre par une fenêtre élevée de terre à peu près de la hauteur d'une toise, d'où il les entend, et disparaît après leur avoir brièvement expliqué ses volontés. »

M. Céberet m'ayant encore questionné au sujet de M. Constance, je lui dis tout ce que j'en savais, et quoiqu'il fût entré de lui-même assez avant dans les vues de ce ministre, dont il commençait à démêler la politique, je lui fis apercevoir bien des choses qui lui étaient échappées, et de la vérité desquelles il ne douta plus, dès qu'il fut en état de joindre ce que je lui disais avec ce qu'il avait déjà reconnu.

Cependant nous approchions de la ville de Madraspatan, célèbre par son commerce. Il n'y avait pas apparence de revenir des Indes en Europe sans en rapporter quelques étoffes et autres raretés du pays. Dans la résolution où j'étais d'y employer quelque argent, je priai le capitaine du vaisseau de me mettre à terre. Les Anglais sont les maîtres de cette place. Le directeur général de leur compagnie, ennemi juré de Constance, m'ayant su logé chez les capucins français, voulut à toute force m'emmener chez lui ; il emmena aussi le supérieur de ces bons religieux, à qui il fit honnêteté à mon occasion. Ces pères sont établis dans le faubourg, et administrent les sacrements à des Portugais ou métis qui sont catholiques romains.

Il me donna un fort grand dîner, pendant lequel on tira bon nombre de coups de canon. Nous bûmes les santés des rois d'Angleterre, de France, et des deux familles royales, les canons tirant à boulets. Constance ne fut pas épargné pendant le repas. Le directeur disait tout haut qu'il le ferait pendre s'il pouvait jamais l'attraper. Cependant nous buvions toujours, et nous continuâmes de telle sorte, que nous nous enivrâmes tous, le capucin comme les autres, quoiqu'il y eût moins de sa faute, ayant été engagé à boire presque malgré qu'il en eût.

Quand j'eus fait mes emplettes, le directeur me donna un petit bâtiment pour me conduire à Ponticheri, qui n'est éloigné de Madraspatan que de vingt lieues. En arrivant, j'y trouvai un vaisseau du roi qui venait prendre M. Céberet ; ce bâtiment était commandé par M. du Quene, qui me remit un magnifique fusil, et une paire de pistolets d'un ouvrage merveilleux. C'était un présent que Bontemps m'envoyait comme une marque de son amitié, et pour me remercier de quelques pièces assez curieuses que je lui avais envoyées par le retour des ambassadeurs.

Après que M. Céberet eut fini toutes ses affaires à Ponticheri, nous nous embarquâmes et nous fîmes route pour la France. Pendant le voyage, la conversation roula encore souvent entre lui et moi sur le royaume de Siam. Il me parla de la jalousie de M. Constance et des dangers auxquels il m'avait souvent exposé ; et quoique nos Français qu'il avait vus à Joudia et à Louvo l'eussent instruit, et de mon aventure des Macassars, et de celle du capitaine anglais, il souhaita encore que je lui en fisse le récit.

Après une navigation fort heureuse, nous mouillâmes au cap de Bonne-Espérance, où nous fîmes quelques rafraîchissements. Nous mouillâmes encore à l'île Sainte-Hélène qui appartient aux Anglais, et peu après à l'île de l'Ascension, où nous pêchâmes quantité de tortues et autres poissons. Enfin nous arrivâmes heureusement au port de Brest, où nous débarquâmes sur la fin de juillet de l'année 1688. Environ trois ans et demi après en être parti avec M. de Chaumont.

Ayant débarqué tout ce que j'avais acheté de marchandises à Madraspatan, j'en fis porter les ballots chez le messager qui part toutes les semaines pour Paris. Avant que de me dessaisir de tous ces effets, j'eus la précaution de lui déclarer, et de faire spécifier sur son livre la quantité et la qualité des marchandises, qui consistaient en des paravents, cabinets de la Chine, thé, porcelaines, plusieurs pièces d'indienne de toutes sortes, et une quantité assez considérable d'étoffes d'or et d'argent. Je le chargeai de tout ; après quoi je pris la poste pour Paris, où je fus me présenter à M. de Seignelai[1], ministre de la

---

1. Jean-Baptiste Colbert, marquis de Seignelay (1651-1690), fils du grand Colbert.

marine. Il me reçut fort bien et me présenta lui-même au roi, qui donna ordre de me compter tous mes appointements depuis mon départ jusqu'à ce jour-là.

Ce fut à l'amitié de Bontemps que je dus une réception si favorable, car M. de Seignelai ayant trouvé fort mauvais que j'eusse déféré aux ordres de M. de Chaumont, et que je ne fusse pas revenu en France, m'avait fait effacer de dessus l'état. Bontemps, qui en fut informé, en parla de lui-même au roi, qui ordonna au ministre de ne rien innover sur mon sujet, et de m'avancer même, dans l'occasion, préférablement à plusieurs autres.

Charmé de la manière dont j'avais été accueili, je fus me présenter au dîner du roi. Sa Majesté me fit l'honneur de me questionner beaucoup sur le royaume de Siam. Elle me demanda d'abord si le pays était riche : « Sire, lui répondis-je, le royaume de Siam ne produit rien, et ne consomme rien. – C'est beaucoup dire, en peu de mots », répliqua le roi, et continuant à m'interroger, il me demanda quel en était le gouvernement, comment le peuple vivait, et d'où le roi tirait tous les présents qu'il lui avait envoyés. Je lui répondis que le peuple était fort pauvre ; qu'il n'y avait parmi eux ni noblesse, ni condition, naissant tous esclaves du roi, pour lequel ils sont obligés de travailler une partie de l'année, à moins qu'il ne lui plaise de les en dispenser, en les élevant à la dignité de mandarin ; que cette dignité, qui les tire de la poussière, ne les met pas à couvert de la disgrâce du prince, dans laquelle ils tombent fort facilement, et qui est toujours suivie de châtiments rigoureux ; que le barkalon lui-même, qui est le premier ministre et qui remplit la première dignité de l'État, y est aussi exposé que les autres ; qu'il ne se soutient dans un poste si périlleux, qu'en rampant devant son maître, comme le dernier du peuple ; que s'il lui arrive de tomber en disgrâce, le traitement le plus doux qu'il puisse attendre, c'est d'être renvoyé à la charrue après avoir été très sévèrement châtié ; que le peuple ne se nourrit que de quelques fruits et de riz, qui est très abondant chez eux ; que croyant tous à la métempsychose, personne n'oserait manger rien de ce qui a eu vie, de crainte de manger son père ou quelqu'un de ses parents ; que pour ce qui regardait les présents que le roi de Siam avait envoyés à Sa Majesté, M. Constance avait épuisé l'épargne et avait fait des dépenses qu'il ne lui serait pas aisé de réparer ; que le royaume de Siam, qui forme presque une péninsule, pouvait être un entrepôt fort commode pour faciliter le commerce des Indes, étant frontière de deux mers, l'une du côté de l'est qui regarde la Chine, le Japon, le Tonquin, la Cochinchine, le pays de Lahore et Camboye ; et l'autre du côté de l'ouest faisant face au royaume d'Aracan, au Gange, aux côtes de Coromandel, de Malabar, et à la ville de Surate ; que les marchandises de ces différentes nations étaient transportées toutes les années à Siam, qui est le rendez-vous, et comme une espèce de foire, où les Siamois font quelque profit en débitant leurs denrées ; que le principal revenu du roi consistait dans le commerce qu'il fait presque tout entier dans son royaume, où l'on ne trouve que du riz, de l'arec, dont on compose le bétel, un peu d'étain, quelques éléphants qu'on vend, et quelques peaux de bêtes fauves dont le pays est rempli ; que les Siamois allant presque tout nus, à la réserve d'une toile de coton qu'ils portent depuis la ceinture jusques à demi-cuisse, ils n'ont chez eux aucune sorte de manufacture, si ce n'est de quelques mousselines dont les mandarins seulement ont droit de se faire comme une espèce de chemisette qu'ils mettent dans les jours de cérémonie ; que lorsqu'un mandarin a eu l'adresse de ramasser quelque petite somme d'argent, il n'a rien de mieux à faire que de la tenir cachée, sans quoi le prince la lui ferait enlever ; que personne ne possède dans tout le royaume aucuns biens fonds, qui de droit appartiennent tous au roi, ce qui fait que la plus grande partie du pays demeure en friche, personne ne voulant se donner la peine de cultiver des terres qu'on leur enlèverait dès qu'elles seraient en bon état ; qu'enfin le peuple y est si sobre, qu'un particulier qui peut gagner quinze ou vingt francs par an a au-delà de tout ce qui lui est nécessaire pour son entretien.

Le roi me demanda encore quelle sorte de monnaie avait cours dans le pays. « Leur monnaie, lui répondis-je, est un morceau d'argent, rond comme une balle de fusil, marqué de deux lettres siamoises, qui sont le coin du prince : cette balle, qui s'appelle *tical*, vaut quarante sols de France. Outre le tical il y a encore le demi-tical, et une autre sorte de monnaie d'argent qu'on appelle *faon*, de la valeur de cinq sols. Pour la petite monnaie, ils se servent de coquilles de mer, qui viennent des îles Maldives, et dont les six-vingts font cinq sols.

– Parlons un peu de la religion, me dit le roi : y a-t-il beaucoup de chrétiens dans le royaume de Siam, et le roi songe-t-il véritablement à se faire chrétien lui-même ? – Sire, lui répondis-je, ce prince n'y a jamais pensé, et nul mortel ne serait assez hardi pour lui en faire la proposition. Il est vrai que dans la harangue que M. de Chaumont lui fit le jour de sa première audience, il fit mention de religion ; mais M. Constance, qui faisait l'office d'interprète, omit habilement cet article ; le vicaire apostolique qui était présent, et qui entend parfaitement le siamois, le remarqua fort bien ; mais il n'osa jamais en rien dire, crainte de s'attirer sur les bras M. Constance, qui ne lui aurait pas pardonné s'il en avait ouvert la bouche. »

Le roi, surpris de ce discours, m'écoutait fort attentivement ; j'ajoutai que dans les audiences particulières que M. de Chaumont eut dans le cours de son ambassade, il s'épuisait toujours à parler de la religion chrétienne, et que Constance qui était toujours l'interprète, jouaient en homme d'esprit deux personnages, en disant au roi de Siam ce qui le flattait, et en répondant à M. de Chaumont ce qui était convenable, sans que de la part du roi, et de celle de M. l'ambassadeur, il y eût rien de conclu que ce qu'il plaisait à Constance de faire entendre à l'un et à l'autre ; que je tenais encore ce fait de M. le vicaire apostolique lui-même, qui avait été présent à tous leurs entretiens particuliers, et qui s'en était ouvert à moi dans un grand secret. Sur cela le roi se prenant à sourire, dit que les princes étaient bien malheureux d'être obligés de s'en rapporter à des interprètes qui souvent ne sont pas fidèles.

Enfin le roi me demanda si les missionnaires faisaient beaucoup de fruit à Siam, et en particulier s'ils avaient déjà converti beaucoup de Siamois. « Pas un seul, Sire, lui répondis-je, mais comme la plus grande partie des peuples qui habitent ce royaume n'est qu'un amas de différentes nations, et qu'il y a parmi les Siamois un grand nombre de Portugais, de Cochinchinois, de Japonais, qui sont chrétiens, ces bons missionnaires en prennent soin et leur administrent les sacrements. Ils vont d'un village à l'autre, et s'introduisent dans les maisons, sous prétexte de la médecine qu'ils exercent et des petits remèdes qu'ils distribuent ; mais avec tout cela leur industrie n'a encore rien produit en faveur de la religion. Le plus grand bien qu'ils fassent est de baptiser les enfants des Siamois qu'ils trouvent exposés dans les campagnes ; car ces peuples, qui sont fort pauvres, n'élèvent que peu de leurs enfants, et exposent tout le reste, ce qui n'est pas un crime chez eux. C'est au baptême de ces enfants que se réduit tout le fruit que les missions produisent dans ce pays. »

Au sortir du dîner du roi, M. de Seignelai me fit passer dans son cabinet, où il m'interrogea fort au long sur tout ce qui pouvait regarder l'intérêt du roi ; et en particulier il s'informa si l'on pouvait établir un gros commerce à Siam, et quelles vues pouvait avoir M. Constance en témoignant tant d'empressement pour y appeler les Français. Je le satisfis sur ce dernier article en lui apprenant dans un long détail tout ce que je savais des vues et des desseins du ministre de Siam.

Pour l'article du commerce, je lui répondis, comme j'avais fait au roi, que le royaume ne produisant rien, il ne pouvait être regardé que comme un entrepôt à faciliter le commerce de la Chine, du Japon et des autres royaumes des Indes ; que cela supposé, l'établissement qu'on avait commencé en y envoyant des troupes était absolument inutile, celui que la compagnie y avait déjà étant plus que suffisant pour cet effet.

Qu'à l'égard de la forteresse de Bancok, elle demeurerait entre les mains des Français tandis que le roi de Siam et M. Constance vivraient ; mais que l'un des deux venant à manquer, les Siamois sollicités, et par leur propre intérêt, et par les ennemis de la France, ne manqueraient pas de chasser nos troupes d'une place qui les rendait maîtres du royaume.

Deux jours après, le cardinal de Janson me dit d'aller trouver le père de Lachaise qui souhaitait de m'entretenir sur le nouvel établissement des Français dans le royaume de Siam. « Mon cousin, me dit le cardinal, prenez bien garde à ce que vous direz, car vous allez parler à l'homme le plus fin du royaume. – Je ne m'en embarrasse pas, lui répondis-je, je n'ai que des vérités à dire. » Dès le jour même je fus introduit par un escalier dérobé, et présenté à sa révérence par le frère Vatblé.

Ce révérend père ne me parla presque que de religion et du dessein que le roi de Siam avait de retenir des jésuites dans ses États, en leur bâtissant à Louvo un collège et un observatoire. Je lui dis que M. Constance, qui voulait avoir à toute force la protection du roi, promettait au-delà de ce qu'il pouvait tenir ; que l'observatoire et le collège se bâtiraient peut-être pendant la vie du roi de Siam ; que les jésuites y seraient nourris et entretenus ; mais que ce prince venant à mourir, on pouvait se préparer en France à chercher des fonds pour l'entretien des missionnaires, y ayant peu d'apparence qu'un nouveau roi voulût y contribuer.

Quand le père de Lachaise m'eut entendu parler ainsi : « Vous n'êtes pas d'accord avec le père

Tachard », me dit-il. Je lui dis que je ne disais que la pure vérité, que j'ignorais ce que le père Tachard avait dit, et les motifs qui l'avaient fait parler, mais que son amitié pour M. Constance, qui, pour arriver à ses fins, n'avait rien oublié pour le séduire, pouvait bien l'avoir aveuglé, et ensuite le rendre suspect : que pendant le peu de temps qu'il avait resté à Siam avec M. de Chaumont, il avait su s'attirer toute la confiance du ministre, à qui il avait même servi de secrétaire français dans certaines occasions, et que j'avais vu moi-même des brevets écrits de la main de ce père, et signés : *par Monseigneur*, et plus bas, *Tachard*. À ce mot, ce révérend père sourit, et reprenant dans un moment son maintien grave et modeste qu'il ne quittait que bien rarement, il s'informa si les missionnaires faisaient beaucoup de fruit dans ce royaume.

Je lui répondis ce que j'en avais dit au roi, ajoutant que ce qui retardait le plus le progrès de l'Évangile, était le genre de vie dur et austère des talapoins. « Ces prêtres ou moines du pays, lui dis-je, vivent dans une abstinence continuelle, ils ne se nourrissent que des charités journalières qu'on leur fait. Ils distribuent aux pauvres ce qu'ils ont au-delà de leur nécessaire, et ne réservent rien pour le lendemain ; ils ne sortent jamais de leur monastère que pour demander l'aumône, encore la demandent-ils sans parler. Ils se contentent de présenter leur panier, qui, à la Vérité, est bientôt rempli, car les Siamois sont fort charitables.

« Lorsque les talapoins vont par la ville, ils portent à la main un éventail[1] qu'ils tiennent devant le

---

1. Cet éventail, ou *talapat*, a donné leur nom aux talapoins.

visage pour s'empêcher de voir les femmes. Ils vivent dans une continence très exacte, et ils ne s'en dispensent que quand ils veulent quitter la règle pour se marier. Les Siamois n'ont ni prières publiques, ni sacrifices. Les talapoins les assemblent quelquefois dans les pagodes, où ils leur prêchent. La matière ordinaire de leur sermon est la charité ; cette vertu est en très grande recommandation dans tout le royaume, où l'on ne voit presque point de pauvres réduits à mendier leur pain.

« Les femmes y sont naturellement fort chastes ; les Siamois ne sont point méchants et les enfants y sont si soumis à leurs pères, qu'ils se laissent vendre sans murmurer, lorsque leurs parents y sont forcés pour se secourir dans leurs besoins. Cela étant, il ne faut pas espérer de convertir aucun Siamois à la religion chrétienne ; car, outre qu'ils sont trop grossiers pour qu'on puisse leur donner facilement l'intelligence de nos mystères, et qu'ils trouvent leur morale plus parfaite que la nôtre, ils n'estiment pas assez nos missionnaires qui vivent d'une manière moins austère que les talapoins.

« Quand nos prêtres veulent prêcher à Siam les vérités chrétiennes, ces peuples qui sont simples et dociles, les écoutent comme si on leur racontait des fables ou des contes d'enfant. Leur complaisance fait qu'ils approuvent toutes sortes de religions. Selon eux le paradis est un grand palais où le maître souverain habite. Ce palais a plusieurs portes par où toutes sortes de gens peuvent entrer pour servir le maître selon l'usage qu'il veut en faire. C'est à peu près, disent-ils, comme le palais du roi qui a plusieurs entrées, et où chaque mandarin a ses fonctions particulières. Il en est de même du ciel, qui est le palais du Tout-Puissant, toutes les religions sont autant de portes qui y conduisent, puisque toutes les croyances des hommes quelles qu'elles soient, tendent toutes à honorer le premier être, et se rapportent à lui, quoique d'une manière plus ou moins directe.

« Les talapoins ne disputent jamais de religion avec personne. Quand on leur parle de la religion chrétienne ou de quelque autre, ils approuvent tout ce qu'on leur dit ; mais quand on veut condamner la leur, ils répondent froidement : « Puisque j'ai eu la complaisance d'approuver votre religion, pourquoi ne voulez-vous pas approuver la mienne ? » Quant aux pénitences extérieures et à la mortification des passions, il ne serait pas convenable de leur en parler, puisqu'ils nous en donnent l'exemple et qu'ils surpassent de beaucoup, au moins extérieurement, nos religieux les plus réformés.

« Au reste, mon père, continuai-je, les jésuites ne manquent pas d'ennemis dans ces missions. Vos missionnaires, qui ont des talents supérieurs aux autres, viennent facilement à bout de s'attirer la faveur des princes, dont ils se servent pour soutenir la religion ; de là il est difficile que la jalousie n'excite bien des cabales contre eux, non seulement en Europe, mais encore dans les Indes.

« Pendant mon séjour à Siam, plusieurs Chinois qui ont de l'esprit et du savoir, m'ont avoué qu'ils ne comprenaient pas comment des gens d'une même croyance qui avaient quitté leur patrie, et traversé des mers immenses, prétendaient attirer des gentils à eux, tandis qu'eux-mêmes n'étaient pas d'accord dans leur conduite ; les uns vivant avec beaucoup de modestie et de charité, et les autres se livrant à la haine et aux dissensions, pour ne rien dire de plus. C'est là le langage que m'ont tenu tous les Chinois à qui j'ai parlé. Cette vérité est si constante et si publique dans les Indes, que non seulement je crois devoir vous en informer, mais encore la publier toutes les fois que j'en aurai occasion. »

J'étais à Paris depuis quelques jours, lorsque, ne voyant pas arriver le messager de Brest, je commençai d'être inquiet sur les ballots que je lui avais confiés. Pour m'en éclaircir, j'allai au bureau, j'y appris justement ce que j'avais appréhendé. Les commis de la douane de Pontorson y avaient arrêté tous mes effets, et non contents de la confiscation, qu'ils prétendaient avoir lieu, parce que j'avais dans mes ballots des indiennes dont l'entrée était pour lors défendue dans le royaume, ils m'avaient condamné à une amende de cinq cents livres, comme ayant contrevenu aux ordonnances du roi.

Je crus dans cet embarras n'avoir rien de mieux à faire que de recourir à M. Céberet, que je savais être fort connu des fermiers généraux. Après l'avoir instruit du contre-temps qui m'arrivait, je lui représentai qu'ayant ignoré les défenses du roi, je ne devais pas être puni pour les avoir violées ; que la bonne foi qui paraissait dans toute ma conduite me justifiait assez, puisque j'avais déclaré moi-même au messager la qualité des marchandises en faisant une expresse mention des indiennes, ce que je n'aurais pas fait si je les avais cru défendues. Céberet me rassura le plus qu'il lui fut possible, il me dit qu'il connaissait les fermiers, qu'ils étaient fort honnêtes gens, que je pouvais les aller trouver moi-même quand ils seraient assemblés dans leur grand bureau, et qu'il était persuadé qu'ils me donneraient satisfaction.

Je profitai de l'avis qu'il me donnait, et je fus me présenter à ces messieurs. Je me plaignis du jugement qui avait été rendu contre moi, je leur fis valoir toutes les raisons que j'avais déduites à M. Céberet ; j'insistai principalement sur ma bonne foi, et je demandai qu'en conséquence ils ordonnassent que mes ballots me fussent rendus. Sur cet exposé, ils condamnèrent unanimement ce que les commis avaient fait par rapport aux marchandises dont l'entrée n'était pas défendue. Quant aux indiennes, il fut dit qu'on ne pouvait pas les relâcher, attendu l'ordonnance qui défendait de les laisser entrer, mais que je pouvais m'adresser au roi, et que Sa Majesté à ma sollicitation et à celle de mes amis, pourrait ordonner qu'elles me seraient rendues.

Ensuite de cette délibération, je priai ces messieurs d'envoyer leurs ordres à Pontorson pour qu'on fît venir dans le bureau de Paris tous les ballots qui étaient à moi, et je déclarai que j'étais prêt d'en acquitter, non seulement tous les droits, mais encore de payer tous les frais qu'il faudrait pour le transport. Sur-le-champ M. de Lulie, président de l'assemblée, ordonna qu'on écrivît aux commis, et la lettre fut faite et signée devant moi.

Au sortir du bureau, je me rendis incessamment à Versailles où je fus trouver Bontemps, et lui ayant raconté ce qui m'arrivait, je le priai d'en parler à M. Le Pelletier, contrôleur général des finances. Bontemps s'employa pour moi avec son zèle ordinaire. Le ministre, qui l'aimait, lui répondit qu'il n'avait rien à lui refuser ; qu'il jugeait pourtant convenable d'en parler au roi avant que de rien ordonner. Sa Majesté accorda tout ce qu'on lui demandait, sur quoi le ministre, qui voulait faire plaisir à Bontemps, me fit expédier un ordre de la part du roi à MM. les fermiers généraux, par lequel il leur était enjoint de faire rendre incessamment, et sans payer aucun droit, toutes les marchandises qui appartenaient au chevalier de Forbin.

Je ne parlai à personne de ce que la cour venait de faire en ma faveur ; mais lorsque je sus que mes ballots étaient arrivés à Paris, je fus signifier moi-même à M. de Lulie l'ordre que j'avais obtenu ; charmé de la satisfaction qu'on me donnait, il fut au bureau et me fit rendre tout ce qui était à moi : cette affaire se termina ainsi à mon avantage. Je fus redevable de ce bon succès à l'amitié de Bontemps ; je lui dois ce témoignage qu'il n'a jamais manqué de s'employer avec ardeur dans toutes les affaires où je me suis adressé à lui, comme on a déjà pu voir.

Sur quoi je dirai en passant au sujet de cet ami, qu'il n'y avait guère à la cour de protection si utile et si recherchée que la sienne, puisqu'il y avait peu de seigneurs qui eussent autant de crédit que lui. Je pourrais dire ici bien des choses à son avantage. Je ne les passe sous silence que parce qu'elles me mèneraient trop loin ; mais ce que je ne passerai pas, et ce qui le met bien au-dessus de tant d'autres qui l'emportaient sur lui par la naissance, c'est que son zèle et son attachement sincère pour la personne du roi lui avaient tellement gagné la confiance de son maître, confiance qu'il posséda jusques à la mort, qu'il obtenait tout ce qu'il demandait ; et ce qu'on ne

141

trouve presque nulle part, il usa toujours si bien de sa faveur, que jamais personne ne la lui envia ; aussi observa-t-il toujours d'employer ce qu'il avait de crédit pour rendre service, et jamais pour nuire à personne.

Je passai le reste de cette année à Paris, où quelques mois après mon arrivée, nous apprîmes en France l'entreprise du mandarin Pitracha, sur le royaume de Siam. Quoique je n'en aie pas été témoin, tout ce qui se passa dans cette occasion a tant de rapport à ce qui a été dit ci-devant, et justifie si bien par l'événement tout ce que j'avais prédit de l'alliance des deux couronnes, et de l'établissement des Français à Bancok, que je me persuade que le lecteur sera bien aise de trouver ici en peu de mots quel fut le succès de cette entreprise, et comment nos Français furent obligés d'abandonner la place qu'on leur avait confiée dans ce royaume.

Ce fut vers le milieu du mois de mai de l'an mil six cent quatre-vingt-huit, que le royaume de Siam, qui était violemment agité depuis quelque temps par des mouvements d'autant plus dangereux qu'ils étaient cachés, devint tout à coup le théâtre d'une révolution qui changea la face de tout ce pays, et qui en éteignant toute la famille royale, coûta beaucoup de sang à tous ceux qui jusqu'alors avaient eu part aux affaires, et détruisit dans un moment tout ce qui avait été fait au sujet de l'alliance avec les Français.

J'ai déjà remarqué que, quoique tout parût tranquille à Siam, il y avait dans le fond peu de mandarins qui dans l'âme ne soupirassent après le changement. Pendant mon séjour dans ce royaume, j'avais reconnu cette disposition dans les esprits, et j'eus encore plus lieu de m'en convaincre dans l'affaire du sieur de Rouan où, comme nous avons vu, l'attente des mandarins fut trompée par le soin que je pris de disculper M. Constance. Parmi ceux qui pouvaient le plus remuer, un mandarin nommé Pitracha, homme de résolution estimé courageux parmi les siens, et respecté pour l'austérité de ses mœurs, osa former le projet de secouer le joug et de monter lui-même sur le trône.

Cet homme, que j'ai connu fort particulièrement, conservait encore dans un âge assez avancé toute la vigueur de sa première jeunesse. Il se comporta avec tant de prudence, et mania les esprits si à propos, qu'après avoir engagé les talapoins dans son parti, il y fit entrer non seulement les mandarins, dont il flatta l'ambition, en leur promettant de partager le gouvernement avec eux ; mais encore tout le peuple qui, toujours amateur de la nouveauté, espérait sous un autre maître un gouvernement moins rigoureux.

Toutes ses menées ne furent pourtant pas si secrètes que Constance n'en eût avis ; il ne tint qu'à lui de prévenir la conjuration, mais soit qu'il se fît une délicatesse mal entendue d'accuser et de faire arrêter Pitracha, sans avoir en main de quoi le convaincre pleinement de son attentat, soit qu'il se crût toujours assez en état de réprimer les facétieux, il laissa engager l'affaire trop avant. Il s'en aperçut un peu tard, et pour réparer sa faute, autant qu'il était possible, il eut recours aux Français qui étaient à Bancok. Mais ceux-ci, sur de fausses relations qui leur furent faites des troubles et des mouvements de la cour, appréhendant de s'engager mal à propos dans une affaire qui pouvait avoir de fâcheuses suites pour la nation, se tinrent tranquilles dans leur forteresse, malgré les lettres et les courriers envoyés coup sur coup par M. Constance qui les conjurait de venir à son secours.

Quand j'appris ce détail, je fus si indigné de la conduite de nos Français, que je ne pus m'empêcher de dire à M. de Seignelai qui m'en parla, que si je m'étais trouvé pour lors à Bancok, je n'aurais pas balancé à voler au secours de M. Constance, quelque sujet que j'eusse d'ailleurs de me plaindre de ses mauvais procédés à mon égard. Et s'il faut dire la vérité, connaissant le peu de valeur des Siamois, je suis persuadé que si je m'étais rendu à Louvo avec cinquante hommes de ma garnison, je n'aurais eu qu'à me montrer pour dissiper toute cette populace qui m'aurait abandonné son chef sans oser entreprendre la moindre chose ; trop heureuse d'apaiser ainsi la cour par une prompte soumission.

Le secours qu'on avait sujet d'attendre de la garnison française ayant manqué, et tout concourant à assurer l'entreprise de Pitracha, il se déclara, se mit à la tête du peuple, et s'assura de la personne du roi, après s'être rendu maître du palais. Au premier bruit de cette démarche, Constance courut auprès du roi, résolu de mourir en le défendant ; mais il n'était plus temps, il fut arrêté lui-même et mis aux fers.

Pitracha, qui voulait rendre son usurpation moins odieuse, jugeant que le roi, dont la maladie augmentait chaque jour, ne pouvait vivre que fort peu de temps, non seulement n'entreprit pas sur la personne de son prince après l'avoir fait prisonnier ; mais ne prenant pour lui que la qualité de grand mandarin, il affecta de ne donner aucun ordre que sous le nom du roi à qui il laissa sans peine tout l'extérieur de la souveraineté.

Jusque là tout avait réussi au gré de l'usurpateur, les suites ne lui furent pas moins favorables. Les différents ordres de l'État s'étant soumis à sa domination, il ne lui manquait plus pour jouir paisiblement de ses crimes que de chasser les Français du royaume. Il ne craignait qu'eux ; et, en effet, ils étaient les seuls qui eussent pu traverser son bonheur. Il s'aperçut bientôt qu'il avait eu tort de les redouter. Ayant reconnu leur faiblesse, et en particulier le peu de part qu'ils prenaient au sort de M. Constance à qui il n'avait conservé la vie jusqu'alors que parce qu'il ignorait les dispositions des Français sur ce sujet, il n'hésita plus à se défaire d'un ennemi qui lui avait été si odieux, et qu'il avait déjà dépouillé de tous ses trésors.

On a ignoré le genre de mort qu'il lui fit souffrir. Ceux qui étaient à Siam pendant la révolution, assurent qu'il supporta tous ces revers avec des sentiments très chrétiens et un courage véritablement héroïque. Malgré tout le mal qu'il m'a fait, j'avouerai de bonne foi que je n'ai pas de peine à croire ce qu'on en a dit. M. Constance avait l'âme grande, noble, élevée ; il avait un génie supérieur, et capable des plus grands projets, qu'il savait conduire à leur fin avec beaucoup de prudence et de sagacité. Heureux, si toutes ces grandes qualités n'avaient pas été obscurcies par de grands défauts, surtout par une ambition démesurée, par une avarice insatiable, souvent même sordide, et par une jalousie qui, prenant ombrage des moindres choses, le rendait dur, cruel, impitoyable, de mauvaise foi, et capable de tout ce qu'il y a de plus odieux.

Le roi ne survécut pas longtemps à son ministre, il mourut peu de jours après, et Pitracha fut reconnu tout d'une voix roi de Siam. Enfin, pour que rien ne manquât à son bonheur, nos Français, après un siège de quelques mois, où ils eurent tout à souffrir, furent obligés d'abandonner Bancok et de repasser en France, où nous vîmes arriver leurs tristes débris. Tel fut, par rapport à la nation, le succès de cette entreprise mal concertée, qui coûta beaucoup, qui ne pouvait être d'aucune utilité au royaume, et dans laquelle la cour ne donna que parce qu'on l'éblouit par des promesses belles en apparence, mais qui n'avaient rien de solide.

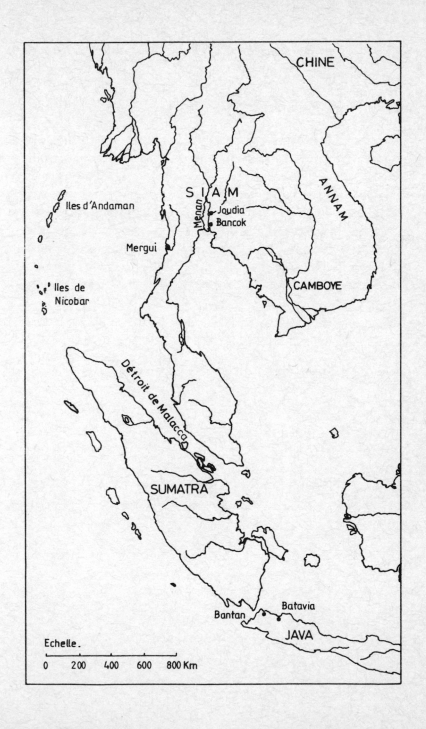

CHINE

SIAM

ANNAM

Iles d'Andaman

Menan

Joudia
Bancok

Mergui

CAMBOYE

Iles de
Nicobar

Détroit de Malacca

SUMATRA

Batavia

Bantan

JAVA

Echelle.

0   200   400   600   800 Km

TABLE

Cet ouvrage a été composé en Garamond Antica corps 12
par les Ateliers Graphiques de l'Ardoisière
à Bedous
Il a été reproduit et achevé d'imprimer
par l'Imprimerie Floch à Mayenne
le 8 avril 1991
pour le compte des éditions Zulma
32380 Cadeilhan

Dépôt légal : avril 1991
N° d'édition : 01 - N° d'impression : 30642
ISBN : 2-909031-01-2